INTERESSANTE

KURZ-
GESCHICHTEN

Georg Papke

Als Bauernsohn in Hinterpommern geboren, 1945 vertrieben, nach Beruf Architektur studiert, bin ich viel gereist, habe viel gesehen und erlebt.

Nun, mit fast 90 Jahren fällt es mir schwer selbst überall dabei zu sein.

Aber das Schreiben und Lesen funktioniert noch. Auch verfolge ich aufmerksam das Tagesgeschehen auf der Welt.

Dabei sind mir viele Dinge begegnet und aufgefallen, die wissenswert sind.

Hier eine kleine Auswahl davon.

Ich hoffe, dass in dieser kleinen Auswahl für Jeden - der gerne liest - etwas dabei ist.

© 2023, Georg Papke
Herstellung und Verlag:
BoD – Books on Demand, Norderstedt
ISBN: 9783756881857

Gliederung:

1.0 LUSTIGES

1.1 Die Fitnesstrainerin

Eigentlich hasste ich Fitnessstudios. Als mir ein Arzt aber eine Therapie verschrieben hatte, die nur in einem Fitnessstudio durchgeführt werden konnte, musste ich notgedrungen doch dort hin. Ich ließ alles über mich ergehen, obwohl es auf mich keinen besonderen Eindruck machte. Die Leute, die dort auftauchten hatte meiner Meinung nach alle einen an der Waffel. Sie nahmen Anabolika und strebten nur nach hohen Ergebnissen und dicken Muskeln. Sie achteten nicht auf ihren Körper und auf ihr Wohlergehen. Sir verhielten sich wie Hamster in einem Rad.

Ich hatte bisher immer genug Möglichkeiten gehabt, um mich fit zu halten. Dazu hatte ganz besonders meine Tochter beigetragen, mit der ich viele Sportarten kennen lernte und auch betrieb. Doch nun war sie ausgeflogen und meine Frau war zu keiner sportlichen Tätigkeit zu bewegen.

Da lief ich eines Tages einem ehemaligen Studienkollegen über den Weg. Uns hatte in früheren Zeiten das Volleyball spielen zusammen gebracht. Wir saßen bei einem Glas Bier und ließen alte Zeiten Revue passieren. Automatisch kamen war natürlich auf den Sport zu sprechen. Und er fragte, was für einen Sport ich denn jetzt treiben würde. Erschreckt stellte ich selbst fest, dass ich darauf gar keine Antwort geben konnte. Und da meinte er, dass ich unbedingt mit ihm in ein nahes Studio gehen müsste, damit ich nicht versaure.

Tatsächlich ließ ich mich überreden, mit ihm zum Schnuppern in die nächste Stunde zu gehen. Wenigstens hatte ich noch Sportkleidung und Schuhe, mit dem ich dort auftreten konnte.

Zwar merkte ich schon beim ersten Mal, dass meine Ausrüstung nicht mehr ganz modern war, aber es ging gerade noch. Im Gegenteil, manche meinten, dass ich sicher schon sehr lange Sport treiben würde. Aber meine Sachen seien doch noch ganz gut gehalten. Ich hatte sie ja auch recht *geschont,* antwortete ich dann darauf!

Es stellte sich aber schnell heraus, dass ich wohl mit ziemlicher Sicherheit der Älteste in diesem Kreis war. Um nicht negativ aufzufallen, bemühte ich mich immer gut mitzuhalten. Offensichtlich merkte niemand, dass ich diese Kleider wirklich lange nicht mehr angehabt hatte. Allerdings hatte unsere nette Trainerin, sie hieß Anette, ein gutes Auge. Sie war übrigens eine ganz besondere Schönheit. Braun gebrannt und gut durchtrainiert. Sie machte jede Übung mühelos erst mal vor. Klar war auch, dass sie besonders von den Männern verehrt und umgarnt wurde, woraus sie sich aber anscheinend gar nichts machte. Im Gegenteil, sie ließ sie regelrecht gegen eine Wand laufen, egal ob sie es mit Einladungen, Verabredungen oder mit kleinen Geschenken versuchten. Manche blieben extra lange in der Halle, um mit ihr alleine zu sein. Aber es half alles nicht, alle wurden abgewiesen. Übrigens war das warme Wasser in den Duschen abgestellt, um Energie zu sparen. Und dadurch schafften es nicht mal die Mutigsten, kalt zu duschen.

Einmal war ich der letzte in der Halle, weil ich mir mein rechtes Knie bandagieren musste, es schmerzte mal wieder. Da stand Anette plötzlich vor mir und sah nach mir. Sie fragte, ob ich ein Problem hätte, was ich aber herunter spielte. Es sei nur mein Knie, das nicht mehr so richtig mitmachen wolle. Darauf setzte sie sich zu mir auf die Bank und wir unterhielten uns. Ich war total überrascht, wie sie auf einem mal ganz anders sein konnte. Jedenfalls fragte sie mich am Ende, ob ich warm duschen wolle, denn die Personaldusche funktionierte noch ganz normal. Ohne meine

Antwort abzuwarten griff sie meine Sachen, um mir zu helfen umzuziehen.

Sie legte meine Sachen ab und begann sich auszuziehen. Dazu meinte sie, dass wir gemeinsam duschen könnten. Ich war total überrascht! Ich fasste mich ganz schnell wieder und zog mich auch aus. Schließlich war ich ja Jahre langes FKK-Leben mit der Familie am Strand und auf dem Campingplatz gewohnt. Etwa zugleich gingen wir in die geräumige Dusche. Als ich sie so vor mir gehen sah, musste ich feststellen, dass sie eine wunderbare Figur hatte. Und dazu ihr langer, fast schwarzer Pferdeschwanz, den sie sich im Gehen ober zu einem Knoten band. In der Dusche legte sie das Handtuch ab und stellte die Temperatur ein. Rücken an Rücken stellten wir uns nun unter die warme Dusche. Das war sehr angenehm und es kam mir vor, wie eine Ewigkeit. Dabei fragte sie bereits nach ein paar Momenten, ob ich ihr den Rücken waschen könnte, der hätte es verdient. Ich tat, was sie von mir gefordert hatte. Danach wusch auch sie mir meinen Rücken unaufgefordert. Doch was danach kam überraschte mich total!!!

Sie nahm plötzlich ihre tolle Perücke vom Kopf und duschte sich den Schaum ab. Tatsächlich war sie total kahl auf dem Kopf, auch fehlten Ihre Augenbrauen und ihr Schamhaar, was ich vorher nur flüchtig betrachtet, als rasiert angesehen hatte.

Ganz verlegen sahen wir uns nun beide an, ohne uns zu regen oder etwas zu sagen. Dann nahm ich sie in den Arm und drückte sie ganz lange an meinen Körper. Erst dann fragte ich sie, ob ich etwas für sie tun könne. Sie löste sich ein wenig von mir und sah mich an. Ja, sagte sie, denn sie sei die ganze Zeit am Überlegen, wie sie der Sportgruppe ihre wirkliche Lage verständlich machen könnte. Sie würde diesen Zustand jedenfalls nicht mehr lange ertragen können.

Nun war der Knoten endlich geplatzt. Nachdem wir ausgiebig geduscht hatten gingen wir in die Umkleide, um uns abzutrocknen und anzuziehen. Dabei konnten wir uns dann ganz entspannt unterhalten. Sie erzählte mir nun ihre ganze Leidensgeschichte und schilderte mir ihren momentanen Zustand.

Leider musste ihre beste Freundin, mit der sie zusammen wohnte, vor ein paar Wochen überraschend aus beruflichen Gründen nach Hamburg ziehen. Sie kam zwar ab und zu an Wochenenden vorbei aber eben nur, wenn es ihr Job erlaubte. Somit war sie nun sozusagen ganz auf sich alleine gestellt. Nun fragte sie mich unumwunden, ob ich sie ein wenig durch die schwierige Zeit begleiten könnte und wollte. Zeit hatte ich und hilfsbereit war ich schon immer gewesen, also sagte ich spontan zu.

Bevor wir jeder in seine Richtung nach Hause fuhren tauschten wir selbstverständlich unsere Telefonnummern aus. Ich bat sie sich unbedingt zu melden, wenn sie irgendwie Hilfe brauchen würde. Das versprach sie mir. So verabschiedeten wir uns mit einer langen Umarmung und fuhren nach Hause.

Noch lange lag ich an diesem Abend wach und überdachte das Erlebte. Es hatte mich ganz schön beeindruckt! Mehrmals überlegte ich anzurufen, verkniff es mir aber doch, denn es war inzwischen doch schon recht spät. Aber morgen würde ich mich bei ihr melden, denn es war Wochenende und somit arbeitsfrei.

So gegen 11 Uhr griff ich zum Telefon und rief die neue Nummer zum ersten mal an. Sehr schnell wurde abgenommen und Anette fragte sofort, wie es mir ginge. Aha, sie hatte meine Nummer bereits in ihrem Gedächtnis abgespeichert. Da war sie sogar mir einen Schritt voraus. Ich sagte, dass ich gut geschlafen hätte und es mir gut ginge. Aber wie geht es Dir heute, wollte ich nun wissen. Sie versuchte meiner Frage auszuweichen. Also fragte ich nochmals, wie sie denn geschlafen habe. Als sie merkte, dass sie mich nicht abwimmeln konnte rückte sie dann so langsam mit der Sprache heraus. Es ginge ihr heute nicht so gut. Anscheinend läge es am Wetter, denn es hatte in der Nacht begonnen zu regnen. Ich ließ die Ausrede gelten, denn ich kannte sie ja noch nicht gut genug. Dann wechselte ich das Thema. Ich sei gerade dabei zum Einkaufen zu fahren. Ob sie etwas brauchen würde. Ja, meinte sie, sie müsste tatsächlich noch eine Kleinigkeit einkaufen, war aber bisher noch zu träge dazu gewesen. Sie bräuchte frisches dunkles Brot, 6 Eier und zwei Tüten haltbare Milch, aber nur 1,5 % Fett. Ist klar sagte ich, bringe ich Dir mit. Und damit legte ich auf. Doch in dem Moment fiel mir ein, dass ich ja gar nicht wusste, wo sie wohne. Also rief ich nochmals an. Sie lachte aus vollem Hals. Stimmt, meine Adresse müsstest Du natürlich schon haben, wenn Du das Eingekaufte bei mir abliefern möchtest.

Mein Einkauf war schnell erledigt. Im vorbei gehen nahm ich noch einen bunten Blumenstrauß vom Laden auf der Ecke mit. Da es nun aber bereits Mittagszeit war fuhr ich zuerst nach Hause, um etwas zu essen. Ich hatte gestern doppelt gekocht, so dass heute noch eine gute Portion auf zu wärmen war. Es gab mein Lieblingsessen, Frikadellen, Gemüse und Salzkartoffeln. Nur die Kartoffeln hätte ich heute frisch kochen sollen, die schmecken aufgewärmt einfach nicht.

Nach dem Mittag suchte ich dann die angegebene Adresse auf und klingelte. Sie begrüßte mich genau so freundlich mit Küsschen auf die Wange, wie sie mich gestern verabschiedet hatte. Sie war auch inzwischen genau so gut drauf. Hatte sich besonders hübsch angezogen, stellte ich fest. Und natürlich hatte sie die Perücke von gestern auch wieder exakt auf, so dass ein Fremder gar nichts vermuten konnte. Sie verstaute das Eingekaufte und lud mich ein zum Kaffee. Der Tisch war im Esszimmer bereits gedeckt. Auch frischen Kuchen hatte sie auf dem Tisch denn sie sagte, dass sie sehr gerne backen würde.

Nun saßen wir gemütlich schon beim zweiten Kaffee als sie meinte, dass sie mir nun doch etwas mehr ihres Schicksals erzählen müsste. Ich empfand das als eine besondere Ehre, denn ich hatte das Gefühl, dass sie momentan zu niemand ein vertrauteres Verhältnis hatte.

Es war vor einem Jahr, sie war gerade von einer langen Auslandsreise durch Indien zurück. Da bekam sie Schmerzen im linken Bauchbereich. Schnell diagnostizierte der Arzt, dass es die Nieren sein könnten und gab mir Medikamente.

Aber die Schmerzen gingen nicht weg,
im Gegenteil, sie wurden von Tag zu
Tag größer. Bei genauer Untersuchung
wurde dann festgestellt, dass ich Krebs
habe. Eine sofortige OP sei angebracht,
damit keine Metastasen entstehen könnten. Es blieb mir nichts anderes übrig,
als dem zuzustimmen, um Schlimmeres
zu vermeiden, meinte sie. Der Arzt
beruhigte sie und meinte, dass ihre
rechte Niere so kraftvoll sei, dass sie
wahrscheinlich mit einer gut zurecht
kommen würde. So landete sie fast vom
Flieger auf dem OP-Tisch! Schon ein
komisches Gefühl. Vorher frei und
völlig unabhängig und nun plötzlich ein
Kranker zu sein!
Sie ließ alles Notwendige über sich
ergehen. Ihr größtes Problem war aber,
dass sie hier ganz alleine war. Ihre
Eltern waren schon vor ein paar Jahren
beide gestorben. Und ihre einzige
Schwester war weit weg, zur Zeit be-
ruflich in Südamerika. Aber da musste

sie nun durch. Und ihre Freundin musste nach Hamburg umziehen.

Ihr Zustand war alles andere als prächtig. Denn nach einer notwendigen Bestrahlung war sie anscheinend wieder krebsfrei, aber ohne Haare, eben absolut unansehnlich. Wenigstens bekam sie von der Kasse eine Perücke spendiert, zu der sie noch etwas drauf legte und so diese neuen Haare bekam. Wenigsten konnte sie sich nun wieder selbst einigermaßen leiden. Das war schon mal ganz wichtig für ihr Selbstwertgefühl. Auch in ihre gelernte Arbeit fand sie wieder zurück. Aber mit einer Perücke ist das Leben plötzlich doch ganz anders. Mehrmals machte sie den Versuch sich zu outen, aber das ging jedes Mal richtig schief. Sie hatte wohl immer auf die falschen Menschen gesetzt.

Jetzt verstand ich ihre Lage so einigermaßen. Und ich antwortete am Ende, dass sie nun mich auserkoren hätte. Unumwunden gab sie zu, dass ich ihr am Vertrauenswürdigsten von allen vor kam und deshalb sie einfach den Versuch gemacht hätte.

Ich stand auf, ging zu ihr auf die Couch und nahm sie erneut ganz lange in den Arm. Dann sagte ich zu ihr, dass ich versprechen würde in jeder Situation ihr zur Seite zu stehen. Egal, was passieren sollte. Das beruhigte sie sichtlich. Denn bisher war sie ja nicht sicher, wie ich reagieren würde, nachdem ich die volle Wahrheit erfahren würde.

Wir besprachen nun, welche Verpflichtungen sie habe und wobei ich sie unbedingt unterstützen müsste. Ja, nächste Woche Mittwoch stände wieder eine gründliche Untersuchung an. Ob ich sie da ins Krankenhaus begleiten könnte. Ich versprach ihr, sie hin zu fahren und bei ihr zu bleiben. Danach war sie wieder fast die Alte, freundlich und gut gelaunt. Das beruhigte mich.

Noch lange saßen wir eng umschlungen beieinander, es wurde bereits dunkel.

Ganz unvermittelt meinte sie, wenn ich zu Hause keine Verpflichtungen hätte, könnte ich auch hier bleiben. Ich nahm ihre Einladung an, war ich doch auch gespannt, wie sich unser neues Verhältnis so bewähren würde. Eigenartig war es schon. Aber es war sehr herzlich und das stimmte mich froh. Nachdem wir Abendbrot gegessen hatten, zeigte sie mir ihre Wohnung. Sie bewohnte eine 3-Zimmer-Eigentumswohnung in einem Mehrfamilienhaus. Angeblich mit recht netten Nachbarn, aber zu keinem hatte so richtigen Kontakt. Vielleicht würde sich das nun ändern, meinte sie. Worauf hoffte sie? Meinte sie, dass ich dazu beitragen könnte? Jedenfalls hatte sie ein großes Wohnzimmer, ein Büro und ein Gästezimmer. Im Gästezimmer könnte ich mich einrichten. Wenn ich etwas bräuchte müsste ich mich nur melden, sicher hätte sie alles was mir fehlen könne. So gegen 22 Uhr gingen wir gemeinsam

ins Bad, sie nahm ihre Perücke ab, wir duschten und gingen jeder in sein Bett. Sie hatte mir einen ihrer Pyjamas hingelegt, der mir fast passte. Aber nach etwa 10 Minuten, ich war gerade am Einschlafen, da klopfte es ganz leise.
Herein.
Leise kam sie an mein Bett geschlichen, setzte sich auf die Bettkante und meinte, dass sie nicht einschlafen könne. Ich hob die Bettdecke und schnell schlüpfte sie zu mir ins Bett. Wortlos schmiegte sie sich an mich und war gleich darauf eingeschlafen. Fast genau so wachten wir am Morgen erst so gegen 8 Uhr auf. Sie bedankte sich bei mir für das Asyl und sprang aus dem Bett. Ich hörte sie darauf im Bad. Sicher wollte sie sich fein machen, ohne dabei beobachtet zu werden. Das war ihr gutes Recht, denn sicher war ihre Privatsphäre in letzter Zeit öfter recht ramponiert worden. Mir schien, dass ich ganz besonders darauf achten müsste, ihr Selbstbewusstsein

auf zu polieren, denn sonst geht der Mensch daran zu Grunde. Ich lobte sie bei jeder Gelegenheit. Das fiel mir nicht schwer, denn sie gab oft genug Anlass dazu. Ihr äußeres Erscheinungsbild gab schließlich jeden Tag Anlass dazu.

Erst am Montag früh fuhr ich wieder nach Hause. Prompt meinte meine Nachbarin, eine adrette, alleinstehende Mitt-40-erin, dass ich wohl am Wochenende irgendwo versumpft sein müsste. Ich grinste nur und ließ sie damit weiter spekulieren. Offensichtlich hatte sie mich wohl voll auf ihrem Radar!

Dann hatte Anette eine Bitte an mich. Lange schon meinte sie, hatte sie vor sich in der Sportgruppe zu outen. Aber bisher hatte sie immer kurz vorher wieder der Mut verlassen. Ob ich ihr jetzt dabei helfen würde, fragte sie mich ganz direkt. Es sei schon sehr lästig, sich immer nur verstecken zu müssen. Ich versprach ihr, sie dabei nach meinen Kräften zu unterstützen, egal wie die

Gruppe reagieren würde. Am meisten gespannt war sie auf das Urteil der 3-4 Männer, die sie bisher oft recht stark umworben hatten. War das echt - es würde sich dabei zeigen!

Die nächste Übungsstunde war vorbei, da bat sie alle noch einen Moment zu zu hören. Sie hätte noch etwas ganz Wichtiges zu sagen. Alle waren recht gespannt, was nun wohl kommen würde, ehrlich gesagt, ich auch. Da nahm Anette plötzlich ihre tolle Perücke ab und sagte, dass sie eigentlich recht krank gewesen sei, aus Scham aber nichts gesagt hätte.

Ganz lange Pause!!!

Bis einer der vier Männer meinte, dass er nun gehen müsse, er hätte noch einen wichtigen Termin. Das kam rüber wie ein Stich ins Herz. Darauf schob ich mich durch zu Anette und fasste ihre beiden Hände. Dazu sagte ich, das ich Zeit hätte und ganz für sie da sein wolle, soweit sie mein Angebot brauchen könnte. Dann nahm ich sie ganz fest in den Arm. Sie weinte bitterlich. Ganz langsam kamen dann auch die anderen Frauen und boten ihre Hilfe an. Anette bedankte sich meinte aber, sie hätte nun schon eine starke Hilfe. Aber sie würde sich freuen, wenn wenigstens alle ihre Lage begreifen würden. Ich fügte hinzu, dass es Anette sicher gut tun würde, wenn wenigstens die Gruppe bis zum Ende beieinander bliebe.

Wie auf eine Paukenschlag lief die ganze Gruppe jetzt schnell auseinander. Als wir dann beide so alleine da standen bedankte sich Anette bei mir. Ich fragte zurück wofür. Sie meinte für meine eindeutige Geste. Das war doch ganz selbstverständlich, gab ich zurück.

Endlich rückte dann auch der Arzttermin im Krankenhaus näher. Ich fuhr sie wie verabredet hin und ging auch mit ins Wartezimmer. Als sie aufgerufen wurde, meinte sie, dass ich doch bitte mit gehen solle. Zögerlich setzte ich mich in Bewegung. Sie meinte im Gehen, dass sie mich gerne dabei hätte, vier Ohren hören nämlich meistens mehr als nur zwei. Auch der Arzt sah mich zuerst etwas eigenartig an. Aber bevor er sagen konnte, dass ich doch draußen warten solle, hatte Anette schon ganz klar gesagt, dass sie mich dabei haben möchte, auch wenn sie sich nun ausziehen müsse.

Die Untersuchung dauerte natürlich insgesamt recht lange, denn Anette musste in mehrere Abteilungen. Nach der Kernspintomografie, am Ende aber wieder zum untersuchenden Arzt zur Abschlussbesprechung zurück. Bis hierhin hatte sich doch eine rechte Spannung aufgebaut. Zum Glück aber war das Ergebnis beruhigend. Sie brauchte ab jetzt keine Chemotherapie mehr, was schon eine große Entlastung war. Ab jetzt würden dann vielleicht ihre eigenen Haare wieder wachsen. Das war für ihr Selbstwertgefühl ganz Ausschlag ge-

bend. Mit dem guten Befund fuhren wir
dann am Abend wieder nach Hause.
Natürlich zu Anette. Und als Belohnung
hatte sie schon am Morgen eine Flasche
Sekt kalt gestellt, die wir nun tatsächlich öffneten.

Unser Verhältnis änderte sich mit der
Zeit, es blieb aber sehr freundschaftlich
und trotzdem recht intim. Als es ihr
dann wieder richtig gut ging, machte ich
mich absichtlich etwas rar. Übernach-
tete nur noch selten bei ihr. Als ich eines
Tages mehr zufällig bei ihr klingelte,
öffnete mir ein junger Mann die Türe.
Aber gleich hinter ihm erschien Anette,
drängte ihn zur Seite und umarmte
mich. Ich fragte, ob ich stören würde.
Aber sie schnitt mir das Wort ab und
meinte, ich möchte doch bitte herein
kommen. Beim üblichen Kaffee kam sie
dann auch sofort zum Thema. Ohne
Umschweife erklärte sie ihre neue
Bekanntschaft und unsere uralte sehr
gute Freundschaft. Als sie fertig war

ergriff ich sofort das Wort. Ich sei sehr froh, dass sie jemand gefunden hätte, der zu ihr passt. Genau deshalb hatte ich mich in letzter Zeit etwas rar gemacht, um ihr mehr Freiheit zu lassen. Denn unser Altersunterschied war doch zu groß. Es wäre sehr egoistisch von mir gewesen, sie an mich zu binden.

Gut gelaunt verließ ich ihre Wohnung. Und weil es noch früher Abend war und die Sonne immer noch schien, machte ich noch einen ausgiebigen Spaziergang um den Weiher. Noch nie war mir aufgefallen, wie viele Tiere sich hier auf hielten. Überall hörte man Frösche und Kröten quaken. Das erinnerte mich an früher, wo am Seerosenteich der Nachbarn jeden Abend die Frösche um die Wette Musik machten. Manche Nachbarn hatte sich darüber immer wieder fürchterlich aufgeregt, für mich war das beruhigend und ich schlief dabei besonders schnell ein.

Gelegentlich besuchte ich die Beiden,

die inzwischen verheiratet waren und sogar ihr erstes Kind erwarteten. Gerne betrachtete ich ihr Familienleben, ohne es zu stören. Und so verbindet uns noch heute eine sehr echte Freundschaft. Daran musste sich auch ihr Mann erst gewöhnen. Aber nachdem er unsere gemeinsame Geschichte ganz erfahren hatte gab es keine Probleme zwischen uns.

1.2 Gartenschau-Bekanntschaft

Als bei uns die Gartenschau statt fand, war im Ort natürlich sehr viel los. Nichts war mehr, wie früher. Auf dem Marktplatz stand zum Beispiel ein alter Eisenbahnwaggon, den man umgebaut hatte als Cafe`. Bewirtschaftet wurde es von Schülerinnen und Schülern eines örtlichen Gymnasiums. Eine lange und breite Treppe führte zum Eingang hinauf. Oben stand eine Bank, die zum verweilen einladen sollte. Leider wurde aber das Cafe` von den meisten Menschen schlichtweg übersehen, alle hasteten nur vorbei, ohne es zu beachten.

Als ich auf den Marktplatz kam hatte ich das Bedürfnis, mich nach langem Marsch durch die Stadt zu setzen. Ich ging die Stufen zum Waggon hinauf und setzte mich auf die Bank. Im nächsten Moment stand auch schon eine freundliche Schülerin vor mir um mich zu fragen, ob ich etwas wünsche. Ich war so überrascht, dass ich dankend ablehnte, ich wolle lediglich etwas ausruhen. Ich dürfe hier natürlich auch sitzen, ohne etwas zu bestellen, meinte sie und ging wieder hinein.

Nach einer Weile dachte ich mir, dass das aber sehr unhöflich vom mir gewesen war. Und außerdem wäre es doch auch ganz interessant, sich mit den Schülerinnen zu unterhalten. Immer schon suchte ich Kontakt zur jüngeren Generation, denn nur so kann man als alternder Mensch etwas am Ball bleiben. Ich stand also auf und ging hinein. Überrascht sahen mich die drei jungen Schülerinnen an, die jetzt gerade hier Dienst hatten. Ich bestellte ein Kännchen Kaffee und wollte mich setzen. Da fragte mich eine, welcher Kuchen aus ihrer Vitrine mir am besten zusagen würde, denn zu einem Kännchen gäbe es den Kuchen gratis dazu. Überrascht entschied ich mich spontan für eine Kirchschnitte, die mir außerdem am frischesten erschien. Inzwischen hatte ich schon krampfhaft überlegt, wie ich am besten ein Gespräch beginnen könne, ohne als plump aufzufallen. Als ich herein gekommen war hatte ich die drei bei ihrer Unterhaltung unterbrochen. Gerade erzählte eine, wie interessant ihr letzter Urlaub in Tunesien gewesen sei. Sie war mit ihren Eltern sogar bis in die Wüste gekommen, eine Gegend die man sich hier gar nicht vorstellen kann. Als ich das hörte musste ich unwillkürlich schmunzeln. Ich fragte, ob es erlaubt sei zu zuhören, denn das interessierte mich auch. Gleich boten sie mir einen Stuhl an und die junge Frau erzählte weiter von ihren Erlebnissen in Tunesien. Als sie fertig war fragte ich sie, ob sie auch in den Höhlentrichtern gewesen sei. Verblüfft schüttelte sie den Kopf. Ja, sagte ich, früher haben die Einheimischen in der Gegend von Matmata in Höhlen gewohnt. Dazu haben sie 8 bis 9 Meter tiefe kreisförmige oder eckige Trichter mit 12 Meter im Durchmesser ausgehoben. In die Seitenwände haben sie dann manchmal sogar in mehreren Etagen Wohnhöhlen und Gänge ausgehoben. Sogar Nischen für Tiere gab es. Diese Behausungen wurden dann von Generation zu Generation weiter gegeben, erweitert und vervollständigt, so dass am Ende oft ein ganzes Labyrinth entstanden ist. Darauf kam prompt die Frage, woher ich denn das wüsste. Ganz einfach, ich habe schon in einer solchen Höhle gewohnt. Und ich muss sagen, es war zwar sehr ungewohnt, aber ganz angenehm.

Nun wollten sie unbedingt wissen, wie alt ich denn sei. Ich versuchte diese Frage unbeantwortet zu lassen. Aber die drei Mädchen bohrten nach. Na, der Jüngste scheinen Sie auch nicht mehr zu sein, meinte die älteste. Worauf sie sich aber gleich entschuldigte, denn das sollte nicht abwertend gemeint sein. Nun schlug ich vor, dass sie doch mein

Alter erraten sollten. Und schon ging es los. Eine meinte, dass ich schon fast 60 sein könnte, denn ich hatte von Rentner gesprochen. Die Zweite legte nach mit 55, denn ich würde doch noch einen sehr rüstigen Eindruck machen. Und die Jüngste schloss sich der Zweiten an, weil sie meinte mich ganz schlecht schätzen zu können. verglichen mit ihrem Opa könnte 54 oder 55 schon stimmen. Nun warteten sie gespannt auf meine Antwort. Ja, sagte ich, so bin ich in Indonesien auch meistens geschätzt worden. Das lag aber daran, dass Indonesier keine so hohe Lebenserwartung haben, wie wir Deutschen. Dabei bin ich schon über zehn Jahre Rentner! Also genau bin ich jetzt 75 Jahre alt, gestand ich ihnen zum Schluss ein. Alle drei waren danach sehr erstaunt, meinten aber, dass ich dafür aber noch sehr rüstig sei. Vielleicht läge es daran, dass ich immer sehr mobil in meinem Leben gewesen bin. In meinem Beruf war ich oft auf Baustellen unterwegs. Da gab es manchmal aus Sicherheitsgründen nicht mal eine Leiter, also kletterte ich am Gerüst hoch. Und in den letzten Jahren bin ich z.B. sehr viel gereist. Meistens Länder-Rundreisen in einer Reisegruppe. Da ist man jeden Tag von morgens bis zum Abend auf den Beinen. Und in der Freizeit hatte ich mir immer ein Fahrrad geliehen, um in die nähere Umgebung zu fahren.

Erstaunt sahen mich die drei nun an und wollte wissen, wo ich den noch überall gewesen sei.

Da musste ich erneut schmunzeln. Ja, sagte ich, schon mit meiner Familie war ich viel unterwegs. Zum Beispiel mit dem Wohnwagen durch ganz Marokko, durch Polen oder auch durch ganz Ungarn. Und als Rentner habe ich viele Rundreisen durch verschiedene Länder, wie Ägypten, Griechenland, Indonesien, Thailand oder Indien gemacht. Aber am interessantesten waren die Fahrradreisen mit meiner Tochter durch Israel, wo ich danach noch 3 Mal für jeweils 5 Wochen auf einem Kibbuz ehrenamtlich gearbeitet habe. Da staunten die drei. Das sei ja interessant, das würde sie auch gerne machen, sagte die jüngste darauf. Am Ende verwies ich auf das Generationenhaus, in dem ich regelmäßig darüber Vorträge halte. Damit war dieses Kapitel geklärt.

Nun fragte mich die Serviererin, ob ich von hier stamme oder nur einen Besuch auf der Gartenschau machen würde. Ich überlegte kurz und antwortete dann wieder mit einem leichten Schmunzeln im Gesicht, dass eigentlich beides bei mir zutreffen würde. Eigentlich würde ich zur Zeit ca. 150 km von hier weg wohnen. Aber ich sei gerade im Begriff Lahrer zu werden. Darauf die prompte Frage, wie denn das zu verstehen sei. Na ja, sagte ich, ich habe durch das Internet hier jemand kennen gelernt.

Dann endlich aber versuchte ich, das

Gespräch zu wenden. Denn eigentlich war ich ja hier hinein gegangen, um von den Mädchen etwas zu erfahren. Ich wollte zuerst wissen, in welcher Klasse sie seien. Sie wären alle in der letzten Klasse vor dem Abi. Ob sie denn schon eine Vorstellung hätten, welchen Beruf sie denn danach wählen würden, war meine nächste Frage. Da wurde es wesentlich differenzierter. Eine meinte, dass sie auf jeden Fall Medizin studieren wolle. Ihr Vater hätte eine Hausarztpraxis. Und die würde sie dann übernehmen. Die nächste würde gerne IT-Spezialistin werden wollen, weil sie gut in Mathe sei. Die Jüngste war noch ganz unentschlossen. Sie würde auf jeden Fall zuerst ein soziales Jahr machen wollen. Dabei würde sie sich für Naturschutz, Klimaschutz und gesunde Ernährung interessieren. Möglichst würde sie gerne in fremde Länder gehen wollen, um andere Kulturen kennen zu lernen.

Ich fand alle drei Ansichten sehr gut. Besonders weil sie sich wenigstens schon im Vorfeld mit dem Thema beschäftigt hatten, was bei manchen Jugendlichen noch bedeutende Anschübe bedürfe. Der Jüngeren gab ich dann noch einige Tipps, wie sie am besten zu interessanten Auslandsaufenthalte käme.

Nach einer Stunde Diskussion meinte ich, dass ich sie nun lange genug belästigt hätte. Im Gegenteil meinte darauf alle drei, dass es auch für sie eine interessante Diskussion gewesen sei. Wenn es mir nichts ausmachen würde könnte ich gerne genau in einer Woche wieder herkommen, denn da hätten sie wieder hier Dienst.

Den Vorschlag nahm ich gerne an, denn mir fiel ein, dass ich noch einige Fragen zu meinem neuen Smartphon hatte. Als ich das äußerte meinte alle drei, dass sie mir sehr gerne behilflich sein würden. Es wäre alleine schon anerkennenswert,

wenn man sich in meinem Alter überhaupt noch an solche neue Technik
heran wage.
Damit verabschiedete ich mich und
ging. Ich freute mich auch schon auf
unser nächstes Zusammentreffen in einer Woche.

1.3 Am Baggersee

Es war schönes Wetter und beim spazieren gehen kam mir der Gedanke an den Baggersee zu gehen.

Ich hatte zwar keine Badehose dabei, aber um sie zu holen, war mir der Umweg zu weit.

Ich könnte mich ja auch nur auf eine im Schatten stehende Bank setzten und den Badegästen zu schauen.

Gesagt getan.

ich fand eine Bank, die noch frei war. Vor mir zwei etwa 3-jährige Kinder, die im seichten Wasser spielten. Plötzlich kam ganz leise eine ganze Schwanenfamilie angeschwommen. Die beiden Kinder hatten vor lauter Beschäftigung die Schwäne gar nicht gesehen. Ich sprang auf, denn ich ahnte, dass die Schwäne mit Nachwuchs recht aggressiv sein könnten. Tatsächlich schwamm auch schon der Schwanenvater auf die Kinder zu, wohl in der Hoffnung, dass da etwas zu fressen zu holen sei. Als ich mich den Kindern näherte drehte er aber zischend ab. Ich erklärte nun den Kindern, dass die Schwäne zwar hübsche Tier seien, aber auch nicht ganz ungefährlich sind. Gerade noch einmal Glück gehabt, dachte ich. Jetzt war auch die Mutter der Kinder da, leider aber etwas zu spät. Sie hatte sich ganz intensiv mit ihrer Nachbarin unterhalten. Nun erkannte sie aber auch die Gefahr und bedankte sich bei mir.

Wieder kehrte die alte Ruhe ein. Da kam ganz hektisch eine etwa 40-jährige Frau angerannt. Sie wischte sich den Schweiß aus dem Gesicht, streifte ihre Kleider ab und sprang ins Wasser. Sie hatte natürlich ihren Badeanzug schon zu Hause darunter gezogen. Mit den Augen verfolgte ich sie noch ein ganzes Stück, denn sie schwamm auch ganz anormal schnell. Nach einer Weile widmete ich mich wieder meinem Buch, das ich extra zum Lesen mitgenommen hatte. Als ich wieder aufblickte war an der Stelle, wo die junge Frau eben noch schwamm niemand mehr zu sehen. Ich legte das Buch weg, während ich ganz aufmerksam die Stelle beobachtete, wo ich die Frau zuletzt gesehen hatte.

Nichts!!!

Ich stand auf und zog meine Schuhe aus, während ich aber immer noch die Stelle beobachtete. Jetzt wurde ich unruhig. Da musste etwas passiert sein.

Bevor ich ins Wasser sprang hatte ich meinen Nachbarn gebeten, die Rettungsschwimmer zu verständigen. Nun schwamm ich zügig auf die vermeintliche Stelle zu.

Nichts zu sehen.

Da entschloss ich mich an dieser Stelle zu tauchen, wie wir es früher öfter gemacht hatten, wenn wir im Urlaub nach Muscheln oder Austern tauchten. Nur war ich jetzt einige Jährchen älter. Zuerst suchte ich im leicht trüben Wasser nach einem Schatten. Das müsste sie sein, dachte ich. Ich tauchte und hatte Glück. Es war die Frau. Ich bekam sie an den Haaren zu fassen und wollte nun wieder auftauchen. Da plötzlich begann sie um sich zu schlagen. Ich hatte Mühe, mit ihr an die Oberfläche zu kommen. Beinahe verließen mich meine eigenen Kräfte. Genau in dem Moment war ein Rettungsschwimmer zur Stelle und zog erst die Frau und dann auch mich in sein Boot.

Als wir an Land kamen, war auch schon ein Rettungswagen da, der die Frau vorsichtshalber in eine Klinik brachte. Ich setzte mich wieder auf meine Bank und ruhte mich zuerst etwas aus. Um den Rettungswagen hatten sich inzwischen eine Menge Leute versammelt, die alle mit ihren Handys das Geschehen festhalten wollten.

Richtig ekelig!!!

Nachdem ich mich erholt hatte ging ich auch ganz langsam nach Hause. Denn schließlich hatte ich immer noch meine nasse Hose an. Der Schreck steckte mir aber doch noch ganz schön lange in den Knochen.

Einen Tag später las ich den Fall in der örtlichen Zeitung. Ein paar Tage später erschien erneut ein Artikel über den Vorfall. Geschrieben aber nicht von einem Redakteur, sondern von der betroffenen Frau oder deren Familie. Darin wurde gebeten, dass sich der Retter doch bitte unter einer angegebenen Nummer melden möchte. Erst beim zweiten mal lesen merkte ich, dass ich hiermit wohl gemeint war.

1.4 Es sollte nicht sein

Die VHS im Ort hatte neuerdings eine interessante Idee:

Partnervermittlung!

Die Idee war ganz neu.

Jeder der sich dafür interessieren würde müsste an die VHS einen Lebenslauf mit Bild einreichen. Selbstverständlich unter strenger Einhaltung der Datenschutzvorschriften. Diese Unterlagen wurden nach Ablauf der Bewerbungsfrist an alle Teilnehmer ausgehändigt.

Das Besondere aber war, dass die Bewerber darauf sich mit einem Gedicht bewerben mussten. Alle eingereichten Gedichte sollten sogar mit Preisen prämiert werden. Denn viele Firmen hatten Preise gestiftet. Meistens in Form von Gebrauchsgegenständen.

Das ganze hörte sich gut an. Man hatte im Vorfeld mit maximal 20 Bewerbern gerechnet. Tatsächlich waren am Ende 14 Bewerbungen eingegangen. Nachdem die Bewerbungsfrist abgelaufen war erfolgte die Auswertung. Es waren interessante Gedichte dabei. Man erkannte auch auf Anhieb, welche Bewerbung einen ernsten Hintergrund hatte. Genau das war ja auch das Ziel.

Denn leider haben viele Menschen entweder nicht den Mut oder sind so in Hektik, dass sie nie ein ernsthaftes Gespräch führen.

Nun wurde die erste gemeinsame Begegnung angesetzt. Dabei sahen sich die Teilnehmer zum ersten Mal persönlich. Auch das war für einige ein Erlebnis. Nun wurden die eingereichten Gedichte vor gelesen. Am Ende wurde dann im gleichen Rahmen die gemeinsame Beurteilung vorgenommen. Es ging also ganz demokratisch, aber auch recht heiß zu. Dann wurden die Preise verteilt. Eigentlich war hiermit die geplante Veranstaltung zu Ende.

Es wurde nur noch gebeten, dass alle eine Bewertung abgeben sollten. Auch wäre es sehr interessant zu erfahren, welchen Erfolg diese Veranstaltung am Ende gebracht hat. Ab nun war es aber den Teilnehmern überlassen, weitere Kontakte und Gespräche untereinander zu führen. Tatsächlich ergaben sich einige Verbindungen, die versprachen auch zu halten.

Und die Moral von der Geschichte:

Es sollte wohl nicht sein,

es war leider nur mein Traum!

1.5 Die Zugfahrt

Ich saß in einem Zug nach Norden, denn ich war auf dem Weg zu meinem Sohn. Ich hatte Platzkarte gebucht, damit ich sicher war, nicht stehen zu müssen. Der Zug war aber nicht voll.

In unserem Abteil waren nur die Fensterplätze besetzt. Mir gegenüber saß eine junge Frau mit einem etwa 3 Monate alten Baby. Plötzlich wurde das Baby unruhig und begann zu schreien.

Ich merkte, dass ich jetzt wohl hier überflüssig sei.Und ich fragte, ob ich sie alleine lassen solle?

Nein, bleiben sie lieber, vielleicht brauche ich Hilfe, hier ist alles anders als zu Hause. Darauf machte sie die Brust frei und legte das Kind an zum Trinken. Während ich mich in mein Buch vertiefte, um nicht zuschauen zu müssen. Das Baby trank, aber viel zu hastig. Mir kamen Bedenken. Ich erinnerte mich noch an unsere Kinder in dem Alter. Ehe ich diesen Gedanken zu Ende

gedacht hatte, war es auch schon passiert. Im hohen Bogen spuckte es die
Milch wieder aus. Ein gehöriger Teil
ging auf ihren Rock- das war nicht so
appetitlich!
Ganz unsicher hantierte sie nun mit dem
Baby, das natürlich inzwischen kräftig
angefangen hatte zu schreien. Da fragte
ich sie, ob ich helfen könne. Ja, meinte
sie, ob ich das Kind einen Moment
halten könnte. In der Aufregung hatte
sie aber ganz vergessen, ihren BH
wieder zu schließen. Ich tat aber so, als
wenn ich es nicht sehen würde.
Ich nahm zuerst ein abgelegtes Handtuch und dann das Kind vorsichtig auf
meinen Schoß. Vorsichtig hielt ich es
und sprach ständig ganz leise mit ihm.
Tatsächlich beruhigte es sich sofort wieder. Inzwischen hatte die junge Frau
ihre Kleider wieder geordnet und
gereinigt. Nun konnte sie mir das Kind
wieder abnehmen. Dabei meinte sie,
dass sie genau das befürchtet hatte.

Meistens ist es dann so, dass das dann auch tatsächlich ein tritt. Sie entschuldigte sich bei mir für den Zwischenfall. Sicher hätte ich einer Frau noch nie beim Stillen geholfen. Da erzählte ich ihr, dass ich zwar beim Stillen noch nie geholfen hätte. Aber in Indonesien sei ich einmal in eine ähnliche Situation geraten.

Bei einem Strandspaziergang war ich an eine Stelle gekommen, wo der Strand weggeschwemmt war. Ich wäre nur schwimmend weiter gekommen. Da winkte eine Frau ich dürfe über ihr Grundstück zum nächsten Weg gehen. Dabei ergab sich ein Gespräch und sie bot mir einen Stuhl an. Als dann ihr noch ganz kleines Baby, etwa 2 Wochen alt, zu quengeln begann machte sie einfach ihren Oberkörper frei und legte das Kind zum Trinken an ihre Brust. Auch bin ich mehrfach zu Familien nach Hause eingeladen worden. Da wohnte dann meist ein ganzer Clan beieinander. Auch die Oma, die dann aber immer oben ohne herum lief. Dazu muss ich allerdings sagen, dass ich mich traditionell mit einem Saron gekleidet hatte. So sah ich wenigstens nicht aus wie ein Tourist, auch wenn ich in Wirklichkeit einer war.

Ab da verlief die Fahrt aber sehr harmonisch. Sie war sogar bereit, mir ihr ganzes Schicksal zu erzählen. Das war bisher nicht ganz einfach verlaufen.

1.6 Das neue Smartphone

Zum reinen telefonieren hatte bisher mein Senioren- Handy völlig ausgereicht. Besonders auf Reisen hatte ich es dabei, um im Notfall schnell Hilfe zu bekommen. Denn meine Devise zu dem Thema war von Anfang an:

Nicht abhängig werden von dem Ding!
Deshalb konnte ich noch nie die Leute verstehen, die ohne Handy nicht mehr leben können. Laut Statistik heißt es, dass 72 % der Befragten ein ungutes Gefühl haben, wenn sie ihr Handy zu Hause oder im Büro vergessen haben. Fast die Hälfte der Befragten hätten es auch schon einmal oder sogar mehrmals verloren. Das sei dann ganz besonders Schlimm.

Ich verstehe bis heute nicht, was daran so schlimm sein soll. Früher war man nach der Arbeitszeit meist doch auch nicht erreichbar gewesen und die Welt war inzwischen auch unter gegangen. Muss man denn immer und überall erreichbar sein?

Ich halte es heute noch mit meiner ursprünglichen Devise.

Doch inzwischen braucht man z.B. ein Smartphone, um Überweisungen zu tätigen. Endlich hatte auch ich mich durchgerungen, ein Smartphone zu erwerben. Es war nicht das Teuerste, aber es hatte sogar schon 3 Kameras und viele Funktionen, die ich bisher alle noch nicht verstand, wohl aber auch nicht brauchte. Sowohl der Verkäufer, wie auch meine Bekannten meinten, dass man das alles ausprobieren müsse. Das getraute ich mich aber wiederum nicht, denn unwissend kann man auch viele Fehler machen. Vorsichtshalber lud ich mir meinen Vierenscaner des PCs auch aufs Smartphone, damit ich mir wenigstens keine Vieren einfangen konnte. Aber mit dem Probieren war ich trotzdem recht vorsichtig.

Eines Tages erhielt ich einen anonymen Anruf. Es meldetet sich aber nur eine

sympathische Stimme mit *Halooo-oo.*
Am nächsten Tag wieder das Gleiche.
Wenn ich nachfragte, wer denn am
Apparat sei, wurde aufgelegt. Dum-
merweise hatte ich mich aber das erste
Mal mit vollem Namen gemeldet, was
ich bei fremden Nummern selten tat.
Als ich das meinen Bekannten erzählte
meinten sie nur grinsend:
Da musst Du dringend ran gehen.
Beim 4. Anruf fragte die unbekannte
Stimme , sind Sie es *Gregor* ? Daraus
entwickelte sich dann ein interessantes
langes Gespräch. Dummerweise wurden
aber alle meine Fragen zur Person
geschickt abgeblockt. Auf meine Frage ,
wie die Anruferin denn auf meine
Nummer gekommen sei antwortete sie
nur, dass sie einen Zufallsgenerator
benutzt hätte. Ob ich denn der erste
Versuch sei. Nein, der 3. Die beiden
anderen Angerufenen waren zwar auch
alle Single, aber einer erst 41, der
andere bereits 95. Da läge ich mit

meinen 72 also fast genau in der Mitte,
sagte ich. Leider konnte ich aber das
Alter der Anruferin nicht erfahren. Der
Stimme nach könnte sie noch relativ
jung sein. Doch da fiel mir die
Geschichte von Berlin ein. Ich musste
oft den Chef einer anderen Firma
anrufen. Begrüßt wurde ich immer von
einer sehr jugendlichen und freundlichen Stimme. Eines Tages konnte ich
mir meine Neugier nicht mehr
verkneifen und fragte den Chef nach
dem Alter und Adresse seiner Sekretärin. Da meinte er nur:
*Behalten Sir sie so in Erinnerung und
ersparen Sie sich eine Enttäuschung.*
Als ich nach Wochen wieder anrief, war
eine ganz andere Stimme am Telefon.
Ich stutzte und konnte meine Neugier
nicht unterdrücken:
Wo ist denn die bisherige Sekretärin?
Da sagte mir die neue Stimme, dass die
alte Sekretärin in Rente gegangen sei.
Nun konnte ich in etwa das Alter

erraten.

Ähnlich erging es auch meinen Bekannten, die mich zu Hause anriefen. Wir hatten damals schon ein gemeinsames Telefon das der Wirtin gehörte, das auf dem Flur stand und von allen benutzt werden durfte. Meistens ging aber die Wirtin ans Telefon. Da kam jedes Mal die Frage an mich, wie jung denn meine Wirtin sei, denn sie hätte eine so jugendliche Stimme. Sie war in Wirklichkeit fast 60 und wog ungefähr 150 kg!!!

Zurück zu meiner Anruferin.

Wir riefen uns inzwischen regelmäßig morgens und auch abends an und redeten lange miteinander. Leider erfuhr ich nie, wo sie wohnt und wer sie ist. Nur eine Rufnummern- Verfolgung hätte da weiter geholfen. Doch das wollte ich nicht. Das ging wochenlang so weiter. Aber einem Treffen wich sie bisher immer erfolgreich aus.

Eines Tages ertönte die automatische

Ansage:
Der Gesprächspartner ist vorüberge-
hend nicht erreichbar.
Das ging eine Woche so.
Dann ertönte die automatische Stimme:
Kein Anschluss unter dieser Nummer!
Leider hatte ich aber keinerlei Hin-
weise, wo ich hätte suchen können. Das
blieb auch so, so oft ich auch angerufen
habe. Eines Tages erschien in unserer
Tageszeitung eine große Anzeige mit
folgendem Text:
Ich möchte mich bedanken für die lange
freundschaftliche Begleitung per Tele-
fon. Behalten Sie mich in guter Erinne-
rung.
Ihre Irene.
Da ahnte ich, dass Irene meine nette
Gesprächspartnerin gewesen war, und
nun wohl nicht mehr lebte.

1.7 Reifenpanne

Wie in jedem Herbst hatte ich auch dieses Jahr ein paar Tage Urlaub genommen, um auszuspannen. Ich hatte ein kleines Hotel im Schwarzwald für 14 Tage gebucht. Es lag zwar recht abseits, bot aber alles, was ich mir wünschte. Außerdem war es sehr preiswert. Im Preis war Frühstück und Abendbrot, inklusive einer Weinprobe, denn schließlich lag es in einer berühmten Weingegend.

Es hielt, was es versprochen hatte. Das Frühstücksbuffet war ausgezeichnet und hielt beinahe den ganzen Tag. Ich hatte meinen Laptop dabei, auf dem ich mir jeden Abend ein neues Ausflugsziel für den nächsten Tag aussuchte. Das Navi brachte mich dann auch immer genau an mein Ziel. Eines Tages hatte ich die Wahl Hauptstraße oder abgekürzt über kleine Landstraßen zu fahren. Im Lokal hatte man mich angegrinst, als ich ein paar Stammgäste nach dem Unterschied gefragt hatte. Der kürzere Weg wurde hier im Volksmund die *Promille-Straße* genannt. Aber die Landschaft sei wirklich berauschend. Aha, den nahm man um nach ausgiebigen Zechtouren einer etwaigen Verkehrskontrolle aus dem Wege zu gehen. Ich wollte ja bewusst viel von der Landschaft sehen, also nahm ich die Abkürzung.

Mit der Zeit wurde die Straße immer enger und auch schlechter, ständig musste man den Schlaglöchern ausweichen. Nach ein paar Kurven stand plötzlich ein Fiat Uno vor mir mitten auf der Straße! Zuerst war ich misstrauisch, das könnte ja auch eine Falle sein. Also blieb ich im Wagen sitzen, ließ den Motor weiter laufen und hielt die Fenster und Türen geschlossen. Aber es bewegte sich nichts. Nach einer Weile kam plötzlich eine junge Frau aus dem nahen Gebüsch. Ich blieb auch weiterhin in meinem Wagen sitzen. Sie kam zu mir näher und ich ließ die

Seitenscheibe ein Stück herunter. Nun erzählte sie mir, dass sie an ihrem fast nagelneuen Auto eine Reifenpanne hätte. Aber da der Wagen neu war, kannte sie sich noch nicht aus. Ob ich ihr nicht helfen könne.

Nun stieg ich aus, denn offensichtlich lauerte hier keine Gefahr. Und ich stellte mich vor, wie es sich gehört. Darauf nannte auch sie ihren Namen, Ursula Wichmann, ich dürfe sie aber wie zu Hause Uschi nennen. Darauf sagte ich, dass es in außergewöhnlichen Situationen auch üblich sei sich zu duzen. Ich sagte, dass sie mich auch mit Vornamen ansprechen solle. Damit war auch das geklärt.

Also sagte ich zu ihr, dass ich ihr sicher helfen könne, müsste mir aber zuerst den Wagen ansehen, denn einen Uno würde ich auch nicht kennen. An der Bezeichnung am Heck sah ich, dass es sich um eine mit vielen PS aufgemotzte Version handelte. Aber das spielte jetzt keine Rolle.

Werkzeug hatte ich immer dabei. Aber nun musste ich erst heraus finden, wo bei dem Fahrzeug das Reserverad und der Wagenheber waren, denn Wagenheber sind Fahrzeug bezogen sehr unterschiedlich. Als ich das Reserverad gefunden hatte sagte ich zu ihr, dass sie den Wagen doch bitte noch ein paar Meter weiter in eine Ausweichbucht fahren sollte, damit wir nicht den Verkehr behinderten, falls jemand käme.

Ich ging nun vor, als würde ich an meinem Wagen einen Reifenwechsel vornehmen. Zuerst musste ich nun die Radmuttern leicht lösen. Dazu musste ich aber zuerst die Radkappe entfernen. Uschi versuchte es mit den Fingern, dabei beugte sie sich ganz tief zu mir herunter. Ich stutzte, denn ich sah zuerst einen Ring und ein Medaillon mit einem freundlichen Mädchengesicht an ihrer Halskette direkt vor meiner Nase. Außerdem bekam ich einen interes-

santen Einblick in ihren tief ausge-
schnittenen Pulli. Als sie das merkte
richtete sie sich wieder auf und meinte,
dass wir uns beeilen müssten, denn es
schien, als wenn bald Regen aufziehen
würde. Ich ließ mich aber nicht ab-
lenken, nahm den Schraubenzieher aus
meinem Werkzeug, setzte ihn an und
schon sprang die Radkappe aus ihrer
Verankerung. Nun konnte ich mit dem
Drehmoment-Schlüssel alle vier Radmuttern lösen. Dann setzte ich den
Wagenheber an und hob die rechte
Vorderseite hoch. Schnell nun die Radmuttern mit der Hand heraus gedreht,
und alle umgekehrt auf den Boden
gestellt. Ich brauchte jetzt nur noch das
Rad abziehen und das Reserverad
stattdessen aufsetzen. Nun waren nur
noch die Muttern im Wechsel nach und
nach anzuziehen. Dabei erklärte ich ihr
auch, was man dabei beachten müsste.
Dafür bedankte sie sich und meinte,
dass sie sich gleich morgen auch dieses

Werkzeug zulegen würde. Denn so un-
beholfen wie jetzt wollte sie nie mehr
sein.
Nach 20 Minuten war ihr Wagen wieder
flott. Nun wollte sie wissen, was sie mir
schuldig sei. Ich sagte Ersatzteile haben
wir ja nicht gebraucht und meine Zeit
koste nichts, denn ich habe gerade
Urlaub. Darauf meinte sie, dass am
kommenden Wochenende in Ihrem Dorf
ein großes Weinfest statt finden würde.
Sie würde sich freuen, wenn sie mich
dort bewirten könne. Selbstverständlich
kostenlos! Zu finden sei es ganz einfach, denn überall seien Hinweisschil-
der aufgestellt. Damit verabschiedeten
wir uns und fuhren weiter. Sie müsse an
der nächsten Kreuzung aber rechts ab-
biegen, ich fuhr aber geradeaus weiter,
um an mein Ziel zu kommen.
Ich hatte mir vorgenommen die Einladung anzunehmen. Also fuhr ich am
Samstag am späten Nachmittag los, um
das Dorf und das Weinfest zu suchen.

Tatsächlich war die Beschilderung einwandfrei. Doch da erlebte ich eine Überraschung. Denn eigentlich war es gar kein Dorffest, sondern ein Weinfest beim größten Winzer des Dorfes.

Ich parkte ein angemessenes Stück abseits, denn ich rechnete damit, dass es sicher recht voll werden könnte. Außerdem könnte es besser sein nicht zu zeigen, dass man mit dem Auto da ist. Bekanntlich wird dort viel Wein ausgeschenkt, was für Autofahrer zur Falle werden kann, fallt die Polizei auftaucht.

Dann ging ich zu Fuß auf den Hof. Freundlich begrüßte mich Uschi, wie einen alten Bekannten. Natürlich wurde ich auch sofort ins Haus eingeladen. Die Story von der Reifenpanne hatte sie offensichtlich schon ausgiebig erzählt.

Dann stellte sie mich auch ihrem Vater vor. Der Hausherr, ein schon etwas betagter aber sehr freundlicher Mann nahm mich denn auch gleich in Beschlag. Er meinte, die Jungen sollten sich um alles kümmern, denn er hätte sich seit einiger Zeit aus gesundheitlichen Gründen zurück gezogen.

Da seine Frau vor einiger Zeit gestorben war, war er nun recht einsam. Mir schien, dass ich ihm da gerade recht kam. Als dann aber nach und nach Gäste eintrudelten waren alle beschäftigt. Uschi meinte, ich könne jetzt auch alleine die kleine Ausstellung ansehen, dann hätte ich vielleicht einen kleinen Einblick wie der Betrieb früher abgelaufen ist.

Das Fest ging den ganzen Tag. Uschi hatte an der Bar ihren festen Platz, wo sie den Gästen Weine zum Probieren anbot. Auch mir schenkte sie einige Proben ein. Ich hatte mich in dem festlich geschmückten Aufenthaltsraum an einen Tisch gesetzt. Von hier aus konnte ich das ganze Treiben sehr gut beobachten.

Es wurde ein recht feucht-fröhliches Fest. Es floss der Wein in Strömen, könnte man sagen. Wobei tatsächlich aber für mich alles kostenlos war. Das hatte mit der Winzer gleich zu beginn noch einmal wörtlich gesagt. Natürlich ging das Fest auch recht lange. Aber am Schluss hatte wenigstens Uschi etwas Zeit, um sich zu mir zu setzen. Als ich dann aufbrechen wollte meinte sie, dass es besser wäre, wenn ich hier über-nachten würde. Denn um Auto zu fahren hätte ich sicher schon jetzt etwas zu viel getrunken. Sie hätte auch schon ein Gästezimmer für mich gerichtet. Darauf goss sie uns dann zwei Gläser vom besten Wein ein und wir stießen miteinander auf gute Freundschaft an. Danach schlief ich fest und lange.

Am nächsten Tag gab es dann zuerst ein ausgiebigen und deftiges Frühstück. Da-nach bot mir Uschi an, eine Führung durch den ganzen Betrieb zu machen. Damit würde ich dann einen Eindruck bekommen, wie jetzt alles abläuft. Die alten Geräte seien ja nur noch Ausstellung, meinte sie. Als wir an die Traubenpresse kamen fiel mir eine alte Story ein. Und ich sagte zu ihr, dass ich auch schon einmal in meinem Leben eine ganzen Tag bei einem Winzer gearbeitet hätte.

Wie, meinte sie???

Da erzählte ich ihr mein Erlebnis, das ich auf einer Reise durch die Pfalz in Oppenheim gehabt hatte. Als ich mit meiner Geschichte zu Ende war meinte Uschi, dass ich offensichtlich gerne anderen Menschen helfen würde.

Jetzt war aber auch unser Rundgang zu Ende. Da meinte Uschi auf einem Mal, ob ich auch schon ihren kleinen See gesehen hätte. Er liegt auf der anderen Seite des Wohnhauses und ist sehr idyllisch. Wir gingen ums Haus und schon sah ich ihn einladend vor uns liegen. Vom Haus bis ans Wasser erstreckte sich eine Liegewiese, auf der ein paar Liegestühle und geschlossene Sonnenschirme standen. Wir gingen hinunter zum Wasser. Es schien zwar wunderbar sauber zu sein, sah aber schwarz aus, das ist aber typisch für den moorigen Untergrund. Das kannte ich aus meiner Heimat. Man hatte hier eben keinen Sandstrand, wie etwa am Meer. Ich fragte, ob es einen Rundgang um den See gäbe, was sie mit einem Nicken bestätigte. Und schon waren wir unterwegs, um den kleinen See zu umrunden. Als wir wieder an der Liegewiese zurück kamen waren wir recht durch geschwitzt. Bei unserem Rundgang hatte sich Uschi immer wieder bei mir eingehakt oder mich sogar umfasst, was ich auch gerne erwiderte. Ich sagte, dass jetzt ein kühles Bad nicht schlecht wäre. Wir sahen uns an und schnell hatten wir unsere Kleider abgestreift und sprangen zugleich ins Wasser. An einem der Liegestühle hatte Uschi zwei Handtücher deponiert, mit denen wir uns danach abtrockneten. Nachdem wir uns wieder anzogen hatten gab mir Uschi einen kleinen Kuss als Dankeschön auf die rechte Wange. Ich wurde bis zu den Ohren rot!

Dann gingen wir zum Wohnhaus zurück. Dort stand ihr Vater vor dem Haus, er hatte uns anscheinend die ganze Zeit beobachtet. Schmunzelnd empfing er uns mit den Worten, dass es uns wohl Spaß gemacht hätte. Er selbst hatte zwar als Kind natürlich schwimmen gelernt. Schließlich war er hier am See geboren und aufgewachsen. Er hatte sich auf das Weittauchen spezialisiert. Er schaffte es bis zur *Enteninsel*, so nannte man die kleine Insel in etwa 30 Meter Entfernung. Hier brüteten im Sommer oft Wildenten, denn sie waren hier ungestört. Er hätte einmal versucht zu den Nestern zu kommen, war dabei aber bis an die Hüften in dem Morast der Insel eingesunken. Das sei aber schon sehr lange her. Denn durch seine Kriegsverletzungen an beiden Beinen viel ihm das Schwimmen seither schwer. Deshalb mied er das Wasser, ja es machte ihm jetzt geradezu Angst ins Wasser zu gehen. Er schaute aber gerne den Badenden zu, so wie uns jetzt. Dabei wunderte er sich über seine Tochter, denn sie hatte ihm vor einiger Zeit gestanden, dass sie lesbisch sei.

Erst am Abend fuhr ich dann wieder zurück in mein Hotel. Bald war auch mein Urlaub zu Ende und ich fuhr wieder nach Hause. Wir blieben aber ständig in losem Kontakt. Mal per E Mail, mal per Telefon. Dabei hat sie dann auch mir ihr Geheimnis verraten.

Das hat aber unser gutes Freundschafts-Verhältnis in keiner Weise getrübt - im Gegenteil.

Ich verbrachte dort sogar meine nächsten Herbsturlaub, um beim *"Herbsten"* zu helfen. Dabei lernte ich auch ihre nette Freundin kennen.

1.8 Abendspaziergang

Wie schon so oft machte ich auch heute noch einen Abendspaziergang, obwohl es beinahe dunkel wurde. Ich ging den Weg am kleinen Fluss entlang, der die beiden Ortschaften miteinander verbindet. Ich wusste, dass hier immer Menschen unterwegs sind und ich keine Angst vor einem Überfall zu haben brauchte. Als ich kurz vor dem kleinen Wäldchen ankam sah ich, dass sich im Unterholz etwas bewegte.

Ich blieb automatisch stehen!

Tatsächlich sah ich nach ein paar Minuten, dass sich aus dem Gebüsch heraus eine ganze Rotte Wildschweine heraus bewegte, um meinen Weg zu kreuzen. Jetzt verhielt ich mich ganz still und bewegte mich auch nicht. Ein Schwein nach dem anderen kamen sie im Gänsemarsch über die kleine Wiese. Vorne weg die Leitbache, das Muttertier, der kleinen Ferkel. Sie blieb stehen und hob ihre Nase. Ob sie mich wohl schon erschnüffelt hatte, dachte ich in den Moment? Aber, da die Wildschweine nicht gut sehen können war es fraglich, ob sie mich gewittert hatte. Der leichte Wind kam mir nämlich entgegen. Krampfhaft überlegte ich, wie ich mich hier wehren könnte. Früher zu Hause in Pommern hatte mir mein Vater eingeschärft, so schnell wie möglich auf einen Baum zu klettern. Aber hier war kein Baum in meiner Nähe! Also stand ich wie versteinert und wartete erst mal ab. Die Bache aber lief nach kurzem Schnüffeln weiter. Ihr folgte dann die ganze Familie, bestehend aus acht jungen, noch gestreiften Ferkeln. Ich konnte aus meiner Position genau verfolgen was sie taten, denn sie waren nur knapp 30 Meter von mir entfernt. Sie liefen gemütlich über die Wiese, dann über den Weg und dann hinunter zum Fluss und fingen an im Schlamm zu wühlen. Gerne ernähren sie sich von Regenwürmern, Insekten und Wurzeln. Das war noch einmal gut gegangen, denn mit meinem Stock alleine hätte ich mich kaum richtig wehren können. Man sagt, dass Bachen alles tun, um ihren Nachwuchs zu verteidigen. Nun ging ich nach Hause, musste aber noch lange an diesem Abend an das abenteuerliche Erlebnis denken.

Am nächsten Abend war das Wetter wieder so schön und ich kam vor lauter Arbeit wieder erst kurz vor dem Dunkelwerden zu meinem Spaziergang. Als ich dann an die Stelle der gestrigen Begegnung kam, fiel mir alles siedend heiß wieder ein. Vorsichtig näherte ich mich der Stelle, um schleunigst Halt machen zu können oder umzudrehen. Vorsichtshalber blieb ich stehen und horchte. Tatsächlich vernahm ich ein leises Knacken im Unterholz. Ich konnte es gut hören, denn der Wind kam genau aus der Richtung. Im nächsten Moment tauchte dann auch schon die Bache wieder auf. Sie schnupperte in alle Richtungen und ging dann langsam den Trampelpfad weiter Richtung Bach. Wieder folgte ihr die 8 Ferkel, die sich aber kaum um die Umgebung kümmerten. Sie waren viel mehr damit beschäftigt herum zu tollen. Es lief wieder genau so ab, wie gestern, wobei ich natürlich wieder ganz still stehen geblieben war. Dann drehte ich um und ging wieder nach Hause.

Das Wetter hatte umgeschlagen und ich verschob meinen Spaziergang auf unbestimmte Zeit. Inzwischen hatte ich auch noch eine kleine Reise gemacht.

Wieder zu Hause, machte ich dann wieder meinen abendlichen Spaziergang. Gespannt war ich, ob es die Rotte noch geben würde, denn die Ferkel werden in der Regel nur etwa 3 bis 4 Monate gesäugt, dann verlieren sie auch ihr helles gestreiftes Fell und bekommen dunkle Borsten, wie ihre Mutter. Vorsichtig bewegte ich mich also wieder auf die Stelle zu, wo die Tiere aus dem Gebüsch gekommen waren. Ich blieb auch stehen, um zu horchen. Aber heute tat sich nichts - glaubte ich. Doch als ich fast an dem Trampelpfad war sah ich, dass die ganze Rotte aus dem Gebüsch kam. Wieder witterte die Leitbache zuerst und setzte sich dann langsam in Richtung Fluss in Bewegung. Ich war total überrascht. Als die Bache dann genau vor mir den Weg überqueren wollte, blieb sie noch einmal lange stehen, schaute zu mir und ging dann wieder weiter.

Es sah ganz danach aus, als hätte sie mich jedes Mal erkannt, aber als ungefährlich eingestuft, denn ich hatte mich ja nicht bewegt. Ich konnte sie leider nicht danach fragen, denn ich sah sie nie mehr wieder und ich sprach auch nicht ihre Sprache.

1.09 Opa erzählt

Endlich hatten es alle Enkelkinder wenigstens einmal geschafft zugleich beim Opa vorbei zu schauen. Das war gar nicht so einfach, denn inzwischen waren sie auf halb Deutschland verstreut. Jetzt kamen sie zurück aus einem gemeinsamen Urlaub in Südfrankreich und da bot sich ein gemeinsamer Besuch geradezu an. Jeder erzählte, was er im Urlaub erlebt hatte und was bei ihm in der vergangenen Zeit so alles passiert war. Der Opa hörte aufmerksam zu. Dabei fingerten aber alle an ihren Smartphones herum. Opa konnte das gar nicht verstehen, denn er besaß nur ein einfaches Handy, um damit im Notfall zu telefonieren. Alles Andere machte er auf seinem PC, den er einigermaßen beherrschte.

Plötzlich fragte Michael den Opa, wie es denn in seiner Kindheit so gewesen sei. Womit er sich beschäftigt hätte uns ob er auch regelmäßig Urlaub gemacht hätte. Das hatte ihn lange niemand mehr gefragt, weil alle nur sich selbst im Vordergrund sahen.

Opa lehnte sich zurück und überlegte. Dabei goss er sich ein Glas Rotwein ein, von dem er lange nicht mehr getrunken hatte. Und schon gar nicht am hell lichten Tag! Aber jetzt passte er einfach dazu. Dann begann er zu erzählen.

Also, das Wort Urlaub kannte der einfache Bürger damals noch gar nicht. Und die Jugend hatte auch nicht viel Freizeit und auch kein Geld, denn auch das Wort Taschengeld gab es noch nicht. Viele Kinder mussten schon sehr frühzeitig stramm bei den Eltern mitarbeiten, um das tägliche Brot für die Familie zu verdienen. Leider waren seine Geschwister noch zu klein und er wusste mit ihnen noch nichts anzufangen. Er selbst aber war zwar fast immer bei der Arbeit der Eltern dabei, musste aber nicht mitarbeiten. Er hatte aber die Möglichkeit, viel dabei zu lernen. Auch machte er von sich aus viele Dinge den Alten einfach nach und freute sich, wenn es denn auch klappte.

Mit 6 Jahren änderte sich das Kinderleben völlig. Die Kinder bekamen bessere Kleidung angezogen und durften in die Schule. Bisher hatte er nur einen Freund gehabt, den Fritz vom Hof, 3 Häuser weiter. Jetzt hatte er plötzlich fast 30 Freunde, denn sie waren über 35 Kinder in seiner Klasse. Zwar verstand man sich nicht mit jedem richtig gut, aber mit einigen entstand doch eine richtige Freundschaft. Das war immerhin eine richtige Bereicherung. Und für die, die bisher stramm mitarbeiten mussten war es eine Befreiung.

Sein Schulweg war alles andere als einfach. Ihr Hof lag nämlich abseits vom Dorfzentrum und so ergab sich ein täglicher Fußmarsch von über einer halben Stunde. Und das über verschiedene Feldwege durch die Felder. Im

Winter war das manchmal ganz schön beschwerlich, zumal er ganz alleine laufen musste. Im Sommer dagegen war es immer sehr interessant. Dann arbeiteten meistens irgendwo Bauern auf den Feldern. Wenn gerade gepflügt wurde, versammelten sich viele Vögel, die man sonst nicht so nahe zu Gesicht bekam. Meistens waren es Krähen, aber auch Störche, die alle hinter dem Pflug her liefen, um etwas Fressbares zu finden. Dann konnte er stundenlang dem Treiben zuschauen und vergaß beinahe heim zu gehen.

Eines Tages beobachtete er, wie der Gutsbesitzer ganz neue Maschinen angeschafft hatte. Er ließ nicht mehr mit Pferden pflügen, weil das bei den großen Feldern zu lange dauerte, sondern ließ zwei große selbstfahrende Dampfmaschinen mit einem riesigen Pflug auffahren, der mindestens 5 Pflugscharen hatte. Mit dem konnte man ca. 20 ha an einem Tag umpflügen. Allerdings war die Anschaffung nicht gerade billig, denn solche Maschinen kosteten so viel, etwa wie ein halber Bauernhof!

Opa beobachtete nun, wie die beiden Dampflokomobile jeweils an den Enden des langen Feldes quer zueinander aufgestellt wurden. Zwischen ihnen war ein Stahlseil gespannt, das auf einer Trommel unterhalb der Maschine aufgewickelt war und an dem der Pflug hing. Der sah komisch aus und er war riesig groß. In der Mitte hatte er eine Achse mit zwei Rädern. Nach vorne und nach hinten hatte er jeweils fünf Pflugscharen angeordnet, wobei das Ganze V-förmig ausgebildet war. Das hatte seinen Grund, denn die Pflugscharen waren zueinander umgekehrt angeordnet, so dass man den Pflug in beide Richtungen verwenden konnte. Jeweils das vordere Ende des Pfluges wurde zum Pflügen abgesenkt. Per Seilwinde wurde nun der Pflug von der einen Dampfmaschine über den Acker gezogen. Hinten war ein Sitz für den Steuermann, der durch ein Steuerrad den Pflug in die richtige Richtung steuerte. Am anderen Ende angekommen, kippte man den Pflug einfach um und so konnte er von der anderen Dampfmaschine zurück gezogen werden, nachdem man die Lokomobile beide um Pflugbreite weiter gefahren hatte. Damit waren gleich 10 Furchen auf einem mal umgepflügt. Diese Bodenbearbeitung war besonders Boden schonend, denn kein Huf oder Rad belastete den Boden.

Natürlich vergaß der Opa bei dem Anblick völlig den Heimweg und er kam erst zu Hause an, als längst alle Mittag gegessen hatten. Natürlich gab es auch eine rechte Schelte. Als er aber von dem Dampfpflug erzählte wurde sogar sein Vater neugierig und beschloss, sofort dort hin zu gehen, um es selbst anzusehen.

In den 1920-er Jahren wurden dann von

verschiedenen Firmen Zugmaschinen entwickelt. Am bekanntesten wurde der Lanz-Bulldog. Er war einfach und sehr robust gebaut - nahezu unverwüstlich. Da er billiger war, konnten sich auch einfache Bauern so ein Gerät leisten. So ein Gefährt schaffte auch sein Vater an. Gerne ging Opa diesem Ungetüm nach, denn er roch die Abgase so gerne. Jetzt weiß man, das das absolut giftig ist, aber damals wusste man so etwas noch nicht.

Der Lanz-Bulldog war zwar noch kein richtiger Diesel, aber dafür ein Vielstoffmotor. Man konnte ihn mit Rohöl, Diesel, mineralischem Gasöl oder auch Petroleum betreiben. Aber er war nicht einfach zu starten. Man konnte sich nicht einfach drauf setzen und den Zündschlüssel herum drehen, wie heute. Er hatte nämlich einen Einzylinder-Zweitakt-Glühkopfmotor.

Glühkopfmotoren waren einfach konstruiert, günstig zu produzieren und einfach im Unterhalt. Das hieß aber, dass die Zündung durch Temperatur erzeugt wurde. Und die erreichte man, indem man vorne unter den Glühkopf eine Lötlampe stellte und damit so lange vorheizte, bis der Glühkopf wirklich glühte. Die Lötlampe war aber auch recht kompliziert, denn sie musste mit Karbid und Wasser gefüllt werden. Erst wenn sich dann Gas entwickelte konnte man es anzünden.

Das Ganze war also eine rechte Prozedur, bei der der Opa immer gerne zu schaute. Wenn dann der Bulldog einmal lief, machte man ihn den ganzen Tag nicht aus. Denn wenn der Glühkopf abkühlte, musste erst wieder umständlich vorgeheizt werden. Der Lanz-Bulldog wurde seit 1957 zwar nicht mehr produziert, weil der Diesel effektiver ist. Aber er läuft heute noch, zumindest in Museen und bei Lanz-Bulldog-Freundeskreisen.

Damit war der Opa am Ende seiner

Jugend-Geschichte. Nun war es aber auch Zeit Schluss zu machen, denn die jungen Zuhörer wurden langsam unruhig. Ich habe gelesen, dass die heutige Jugend maximal 2 Stunden bei einer Aktivität bleibt, dann muss eine neue her, sonst wird es langweilig. Außerdem hatte Opa auch sein Weinglas leer. Das nahm er zum Anlass, um seinen Vortrag zu beenden.

Alle dankten ihm dafür, sprangen auf, um schnell nach ihren Smartphones zu schauen. Sicher war dort schon lange etwas ganz Wichtiges angekommen und musste umgehend beantwortet werden.

2.00 ERNSTES

2.01 Einquartierung

Regelmäßig ging ich Samstags auf den Wochenmarkt, frisches Gemüse einkaufen. Ich war zwar alleine, kochte aber regelmäßig selbst. Meistens setzte ich mich zum Schluss auf eine Bank und beobachtete das Markttreiben. Heute saß da aber schon eine junge Frau. Ich fragte, ob ich mich dazu setzten dürfe. Sie antwortete aber mit *da*, das klang russisch. Nach einer Weile fragte ich sie, woher sie komme. Aus der Ukraine, antwortete sie mir in gebrochenem Deutsch. Nach einer Weile kamen zwei Mädchen, so etwa 5 und 8 Jahre, zu ihr gesprungen und fragten sie etwas. Es klang so, als wollten sie von ihr Geld, denn die Jüngste versuchte, ihren Geldbeutel aus der Tasche zu ziehen. Sie wehrte aber ganz entschieden ab. Da nahm ich aus meiner Geldbörse zwei 5-€-Scheine und wollte sie den Mädchen geben. Doch die Mutter wehrte ab.

Ich gab den Mädchen aber trotzdem das Geld. Worauf sie sich ganz höflich bedankten und wieder auf den Markt gingen. Ich entschuldigte mich bei der Mutter und versuchte ihr mein Verhalten zu erklären. Ich hätte nämlich auch solche Enkel, die immer etwas Geld brauchten.

Da waren die beiden Mädchen auch schon wieder zurück. Eine hatte sich eine Schale Erdbeeren, die andere eine Schale Kiwi gekauft. Zuerst kamen sie aber zu mir, um mir das Restgeld zurück zu geben. Ich deutete an, dass sie es ihrer Mutter geben sollten. Die versuchte erneut, sich zu wehren. Nun kamen wir zu viert in eine ausgiebige Diskussion. Ich erfuhr, dass sie erst kürzlich aus Charkiew gekommen seien, weil die Bombardierungen immer schlimmer geworden waren. Außerdem sei auch ihre Schule total zerstört, so dass auch kein Unterricht mehr statt finden konnte.

Ich fragte, wo sie denn jetzt leben würden. Im Flüchtlingsheim, eine Straße weiter. Nicht lange überlegte ich, dann kam mir eine Idee. Ich lud sie alle 3 ein zu mir nach Hause zu einem Kaffee, bzw. einem Kaba, um sie näher kennen zu lernen. Zufällig hatte ich noch Kuchen, den ich am Wochenende selbst gebacken hatte. Ich hatte auf der Terrasse gedeckt, denn es war wunderbar warm. Während wir versuchten uns auszutauschen tobten die Mädchen auf der Terrasse herum. Als ich merkte, dass es ihnen langweilig wurde, holte ich ihnen die beiden Kinderfahrräder aus dem Schuppen. Damit konnten sie sich nun auf der Straße austoben. Der wenige Verkehr in unserer Sackgasse ließ es ohne Probleme zu. Am Ende fragte mich die Mutter, sie hieß übrigens Swetlana, ob ich hier denn ganz alleine wohnen würde. Das Haus wäre doch für mich viel zu groß. Das war ein Wink mit dem Zaunpfahl! Nun

stand mein Entschluss fest:
Ich führte sie herum und als wir ganz
oben bei den noch voll eingerichteten
Kinderzimmern angekommen waren
fragte ich die beiden, ob sie hier wohnen möchten. Alle drei schaute mich
überrascht an. Ja, sagte ich, ich könnte
sie alle 3 hier aufnehmen. Dann wäre
auch ich nicht mehr so alleine. Unklar
war mir nur noch, wo ich die Mutter
unterbringen könnte. Als ich das laut
äußerte, meinte sie, dass sie oben das
kleine Zimmer nehmen würde. Und die
beiden Mädchen hätten im großen Zimmer genug Platz. Eine 2. Schlafgelegen-
heit gab es auch in Form einer Couch.
Ein Bad gab es oben ja auch. Zum
Schluss sagte ich, dass wir das Wohnzimmer gerne gemeinsam nutzen
könnten.
Da fragte Swetlana, ob das von den
Behörden denn genehmigt werden würde. Dafür würde ich kämpfen, gab ich
zurück. Gleich am nächsten Morgen

würde ich bei der Verwaltung vorstellig werden. Ich erklärte die Lage und mir wurde Unterstützung zugesagt. Nein, sagte ich, ich brauche eine sofortige Zusage. Das ginge natürlich nur über den normalen Dienstweg. Den würde ich gerne abkürzen, indem ich selbst die notwendigen Schritte gehen wollte. Das ginge aber nicht. Gut, sagte ich, wer ist Ihr nächster Vorgesetzter? Die Frau nannte mir etwas außer sich ein anderes Büro. Und wer ist für diese Stelle der Chef? Letztendlich ist es die Bürgermeisterin.

Aha, eine Frau, da hätte ich vielleicht sogar noch bessere Karten. Gut sagte ich, dann gehe ich sofort zum Bürgermeisteramt. Da müsse man sich aber anmelden. Und sicher müsste ich ein paar Tage warten. Egal sagte ich, da gehe ich sofort hin! Natürlich wurde ich von der Sekretärin nicht mit offenen Armen empfangen. Aber immerhin hörte sie mein Anliegen geduldig an. Dann meinte sie, das haben wir gleich! Warten Sie hier einen Moment, bis die Frau heraus kommt. Dann lasse ich Sie gleich hinein. Schließlich sollte man ein solches Vorhaben nicht bürokratisch behindern, meinte sie zum Schluss. Das klang sehr gut. Jetzt hatte ich gerade noch genug Zeit, um mein Anliegen richtig zu formulieren und dringlich zu machen. Da kam auch schon die Bürgermeisterin heraus und holte mich herein. Ich schilderte ihr den Fall und bat sie recht unbürokratisch zu entscheiden. Schließlich ginge es darum, den Menschen so schnell wie nur möglich zu helfen. Und hier gäbe es doch keine Probleme. Sie hatte sich meinen Vortrag in Ruhe angehört und lehnte sich nun zurück. So einen Fall habe ich bisher noch nie gehabt. Meistens müsse sie eher noch leichten Druck ausüben, bis die Leute bereit waren nur ein wenig zusammen zu rücken. Ich solle mir von der Sekretärin die notwendigen Formulare geben lassen, die wir natürlich ausfüllen müssten. Aber mit dem Umzug könnten wir unverzüglich beginnen. Ich musste mich jetzt zurück halten, damit ich der Bürgermeisterin nicht um den Hals gefallen bin.

Ich versprach ihr aber im Hinausgehen, das ich einen Leserbrief schreiben würde, um diesen Fall ausgiebig zu würdigen. Man müsse auch mal gute Dinge berichten und nicht nur immer kritisieren.

Das freute sie.

Swetlana mit ihren beiden Töchter Tatjana und Victorija waren froh über den sofortigen Umzug. Viel war ja nicht umzuziehen. Außerdem war unser Haus ja völlig eingerichtet. Schnell fanden sie sich hier zurecht. Auch mein PC war sehr gefragt von den Töchtern. Also einigten wir uns, ihn gemeinsam zu nutzen, bis wir einen zweiten hätten.

Ich erlaubte ihnen hier zu wohnen, bis der Krieg zu Ende sein würde, wobei wir damit rechneten, dass es bald sein würde. Nach ihrer Heimkehr müsste ich sie dann in ihrer Heimat unbedingt mal besuchen. Das versprach ich ihnen, falls ich mir dann noch in meinem Alter eine solche weite Reise zutrauen würde.

2.02 Militärische Jugend-Ausbildung

Meine Jugendzeit ab 11 Jahren habe ich in der ehemaligen DDR verbracht. Die Erziehung dort war natürlich völlig anders als in Westdeutschland. Anfangs fehlte es an Lehrern, denn die alten Nazis wurden dort nicht wieder beschäftigt und neu ausgebildete gab es nur wenig. Es gelang gerade so, die wichtigsten Fächer zu besetzen. Politik war nicht dabei. Das änderte sich aber mit den Jahren. Als ich mit 18 zum Studium ging stand Politik sogar regelrecht im Vordergrund. Nun gab es genug Lehrkräfte und auch genug Lehrmaterial. Hauptsächlich wurden wir mit Schriften von Stalin gefüttert, die recht simpel und leicht verständlich waren. Auch wurde ab 1957 eine Art paramilitärische Organisation aufgebaut. Sie hieß Gesellschaft für Sport und Technik (GST), also eigentlich nichts Verwerfliches, denn die oberste Parole in der DDR lautete ja schon

lange *Schwerter zu Pflugscharen!*
In der GST, in der übrigens jeder Student Mitglied sein musste, gab es die verschiedensten Sparten, die aber alle kostenlos waren.

- Man konnte Morsen oder Kurzschrift lernen.

- Sich an Waffen ausbilden lassen. Natürlich auch kostenlos schießen lernen, was manchen Studenten Spaß machte.

- Auch eine Motorrad-Werkstatt gab es. Dort konnte man zum Beispiel kostenlos den Führerschein machen. So kam ich bereits 1958 zum Führerschein, obwohl ich kaum Aussicht hatte sobald ein eigenes Motorrad zu besitzen. Aber wir durften in der Werkstatt die vorhandenen Motorräder richten und damit kostenlos fahren. Wir haben einen Ausflug bis nach Halle an der Saale gemacht und sind an Wochenenden am Ettersberg Kross gefahren, obwohl es nur Straßenmaschinen waren. Das machte richtig Spaß, obwohl es immer mit einer Menge Arbeit verbunden war, denn jeder stellte die Maschine nach Gebrauch nur einfach hin. Dann war oft etwas zu reparieren oder zu warten.

Sicher kam diese Idee mit der GST aus der damaligen Sowjet Union. Sicher wurden dort die Jugendlichen auch so militärisch vorgebildet. Deshalb leuchtet mir auch ein, dass jetzt zur Zeit des Ukrainekrieges viele junge Soldaten gar keine richtige militärische Ausbildung mehr bekommen haben, bevor sie an die Front geschickt wurden. Das ist natürlich sehr verwerflich, ja sogar sträflich. Dadurch werden sie regelrecht verheizt, wie es in den Medien immer wieder gemeldet wird.

Daraus kann man erkennen, mit welchen Hintergedanken solche Organisationen gegründet worden sind! Ich bin froh, dass das 1989 ein Ende hatte.

2.3 Klimawende

Täglich lesen wir in den Medien wie wichtig es ist, das 1,5 Grad Ziel zu erreichen.

Was ist denn damit gemeint?

Fast alle Staaten der Welt haben auf der UN-Klimakonferenz 2015 in Paris einen Vertrag unterzeichnet, nachdem alle Anstrengungen unternommen werden müssen, um die globale Erderwärmung zu stoppen. Dazu ist es erforderlich die Erderwärmung auf 1,5° C zu begrenzen gegenüber der Industrialisierung 1850-1900. Nur dann wäre der Anstieg des Meeresspiegels zu verhindern. Auch außergewöhnliche Wetterphänomene wie Starkregen, Überschwemmungen und Hagel oder Schnee im Sommer zu vermeiden. Ebenso müsste das Kippelement im Erdklimasystem dringend stabilisiert werden, damit nicht die Polarkappen eisfrei werden und der Permafrost schmilzt. Viele Wissenschaftler und

auch Politiker erklären mit Zahlen-
beispielen, welche Möglichkeiten der
Eindämmung wir noch haben, um eine
Wende zu erreichen.
Doch kein Politiker stellt sich hin und
benennt ganz deutlich, was wir **jetzt** zu
tun haben. Anscheinend haben alle
Angst, vom ja so verhätschelten Volk
ausgebuht zu werden. Denn wir sind
alle so verwöhnt, immer und überall
vom Staat eine Auffangstation vor zu
finden, damit ja nichts von unserem so
wertvollen Wohlstand geopfert werden
muss. Wenn endlich Prominente nicht
nur Sprüche machen würden, sondern
klar benennen würden, was jeder
Einzelne der 7 Milliarden Menschen auf
der Erde jetzt zu tun hätte, nur dann
würde sich auch etwas ändern. Wo steht
eigentlich geschrieben, dass wir alle
immer das Recht haben überall hin zu
fliegen, alles besitzen zu müssen, so
viele KFZ zu fahren, wie wir wollen?
Der Schadstoffausstoß eines Flugzeugs

erfolgt doch erst dann, wenn wir damit fliegen. Der PKW stößt doch erst dann schädliche Abgase aus, wenn wir damit fahren. Und die Vermüllung unserer Städte und der Landschaft nimmt nur dann ab, wenn wir bereit sind nicht mehr so viel einfach weg zu werfen. Und wie ist es mit der Ernährung? Wie bereit sind wir, auf unser tägliches Fleisch zu verzichten und stattdessen auf vegetarische Nahrung um zu steigen? Wenn die Viehwirtschaft deutlich zurück gefahren werden würde, könnte der CO^2Ausstoß deutlich verringert werden. Auch würde der Rückbau von Mooren und Feldern helfen die Klimawende zu schaffen. Die Natur würde es uns danken, wenn wir endlich auf Pflanzenschutzmittel ganz verzichten würden.

Leider ist es bisher so, dass jeder Mensch ständig eine Ausrede findet, weshalb er gerade jetzt nicht verzichten möchte oder Rücksicht nehmen kann.

Ob das unser Kinder und Kindeskinder, wenn sie das später einmal lesen werden, uns verzeihen können?

Sie jedenfalls werden die Folgen unserer jetzigen Misswirtschaft später zu tragen haben.

Ist das fair?

2.04 Achtsamkeit

Das Wort Achtsamkeit wird heutzutage bei fast jeder Veranstaltung benutzt. ***Was bedeutet eigentlich der Begriff Achtsamkeit?***
Eigentlich soll sie den Zustand von Geistesgegenwart beschreiben. Sie soll ausdrücken, dass der Mensch hellwach ist und seinen Körper, seine Umwelt und sein Gemüt wahr nimmt, ohne von Gedankenströmen, Phantasie oder starken Emotionen abgelenkt zu sein. Und genau das fällt heute vielen Menschen - und da besonders den Jungen - ganz besonders schwer. Es heißt, dass heute fast jeder nur maximal 2 Stunden sich mit einem Problem beschäftigt, dann wird schon wieder gewechselt.
Da scheint mir für Achtsamkeit gar kein Platz zu sein!
Und trotzdem dürfen wir den Mut nicht aufgeben und es jeden Tag aufs Neue versuchen, denn es lohnt sich. Gerade weil unsere Zeit so schnelllebig und

hart geworden ist müssen wir ständig bestrebt sein gegen zu steuern. Wenn jeder Mensch sich bemüht zu seinen Mitmenschen aufmerksam, höflich und freundlich zu sein, dann leben wir Achtsamkeit.

Leider muss man im Internet beobachten, dass unsere Gesellschaft nach und nach immer mehr verroht. Das hat leider sehr viel damit zu tun, dass man im Internet anonym auftreten kann. Müsste jeder seine Beiträge unter seinem Klarnamen ins Netz stellen, würde sich mancher nicht so schnell im Ton vergreifen.

Aber auch auf der Straße nimmt die Verrohung zu. Wie kann es sein, dass Jugendliche oder auch sogar Polizisten krankenhausreif geschlagen werden oder sogar erstochen werden. Haben diese Menschen gar keine funktionierende Sperre mehr? Ist es reiner Hass oder nur persönlicher Frust, der da abgelassen wird? Gibt es keine anderen

Möglichkeiten, sich zu entspannen? Früher war das anders. Das hatte viel damit zu tun, dass die körperliche Arbeit sicher viel Stress abgebaut hat. Wer heute nicht ausgelastet ist, nur abhängt und sich auf die Ideen anderer verlässt, wird auch schnell zu Mitläufer irgendwelcher kruden Ideen.

Ich will nicht sagen, dass früher alles besser war, aber es war anders. Man half sich selbst oder fand selbst heraus, was einem fehlt, ohne zu einem Psychiater zu rennen.

Deshalb ist es wichtig, dass jeder Mensch sich Aufgaben sucht, im Beruf, im Sport oder im Hobby, um ständig ausgelastet zu sein. Dann gibt es keine oder wenigstens weniger psychische Probleme, mit denen man dann vielleicht selbst fertig wird.

2.05 Querdenker

Nachdem kreuz und quer Denken bis ins 19. Jahrhundert eher für aussichtsloses Spekulieren galt, findet sich die erste positiv belegte Erwähnung des Begriffs 1915. Den Begriff Querdenken hat wohl der maltesische Mediziner, Kognitionswissenschaftler und auch Schriftsteller Eduard de Bono zum ersten mal 1967 öffentlich gebraucht.

Was war das neue Grundprinzip?

Möglichst weit weg zu denken von der Standardlösung. Möglichst unterschiedliche Denkansätze einschlagen. Möglichst viele neue Ideen und Alternativen ausprobieren. Als Querdenker zu gelten war danach eine Auszeichnung, eine Art Adelstitel, denn wer quer denken konnte war besonders kreativ und flexibel. Gelegentlich ist in der Fachsprache auch die Rede von nichtlinearem Denken. Umgangssprachlich heißt es auch *um die Ecke denken.*

Querdenker, wie Kopernikus, Sigmund

Freud oder Darwin werden heute als Begründer unseres modernen Weltbildes gesehen. Da sie quer zu den Dogmen ihrer jeweiligen Zeit standen, hatten sie mit Ablehnung und Anfeindungen zu kämpfen.

Hätte der Astronom Nicolaus Kopernikus nicht quer gedacht, er hätte nie die berühmte Kopernikanische Wende unseres Weltbildes einleiten können, die die Sonne an Stelle der Erde setzte und somit ins Zentrum unseres Planetensystems rückte.

Hätte Sigmund Freud das Seelenleben des Menschen nicht anders durchleuchtet, als es die Bürgerlichen vorschrieben, er hätte keine Heilansätze gefunden. Erstmals 1896 gebrauchte er den Begriff *Psychoanalyse,* die einzige Methode dem Krankheitsbild der Neurose zuverlässig nachzugehen. Sozusagen die Bewusstmachung des Unbewussten.

Hätte Charles Darwin nicht quer zu der

biblischen Schöpfungsgeschichte ge-
forscht, so hätte er keine neue Theorie
von der Evolution der Arten entwickeln
können.

Deshalb wird Querdenken bis heute als
positiv angesehen.

Seit etwa 2020 hat das Wort aber eine
ganz neue Bedeutung angenommen.
Eine Gruppe von Gegnern der Coro-
navirus- Bekämpfung, die auch für
Freiheit und für das Grundgesetz auf die
Straße ging, nahm für sich die Selbst-
bezeichnung *Querdenker* in Anspruch.
Sie demonstrierten gegen die Errichtung
einer Diktatur. Am 29.8.2020 rief der
neue Querdenker-Begründer Michael
Ballweg in Berlin zu einer Verfas-
sungsgebenden Versammlung auf. Innerhalb von 14 Tagen sollten die
Teilnehmer eines Zeltcamps im Tier-
garten auf 60 Bühnen eine neue Ver-
fassung erarbeiten. Diese werde dann
das jetzige Grundgesetz ersetzen, so
Ballweg.

Der Arzt und Verschwörungsideologe Bodo Schiffmann ging davon aus, dass etwas ganz großes passieren würde. Am 31.10.20 würde in Deutschland die Maskenpflicht enden und auch alle anderen Corona-Maßnahmen entfallen. Die Bundeskanzlerin Angelika Merkel würde abgesetzt. Seine Anhänger glaubten ihm. Doch als am 31.10. 20 nichts passierte, äußerte er sich nicht zu seinen falschen Prognosen.

Solche und viele andere Äußerungen waren eine eindeutiger Angriff auf unsere demokratische Grundordnung. Die selbst ernannten Querdenker nennen sich sogar Widerstandskämpfer. Ja, sie setzen sich sogar gleich mit NS-Opfern, wie Sophie Scholl oder Anne Frank.

Auch den Angriffskrieg Russlands auf die Ukraine deuten sie um. Putin sei nur in die Ukraine einmarschiert, um Labore für Biowaffen zu vernichten, die von westlichen Geheimdiensten gesteuert werden. Sie sehen die Russen als die großen Befreier.

Wenn man sich aber die Teilnehmer bei Querdenker- Demonstrationen genau betrachtet, muss jedem klar werden, wer sich dahinter verbirgt. Es waren neben den vielen blinden Mitläufern nicht nur Reichsbürger, sondern auch Rechtsradikale vertreten. Die Reichsbürger sind zwar noch keine homogene Gruppe, aber trotzdem sind Radikale dabei. Das hat die kürzliche Razzia gezeigt.

Deshalb muss man sich fragen, ob die selbst ernannten *neuen Querdenker* wirklich Kämpfer *für Demokratie oder etwa Bekämpfer der Demokratie* sind.

Unzufriedenheit muss nicht zwangsläufig nur zum Nörgeln und zur Opposition führen. Unzufriedenheit kann auch eine gute Triebfeder sein, für Veränderungen und Verbesserungen. Doch davon ist bei den neuen Querdenkern überhaupt nichts zu spüren.

Wenn man mit einer Situation unzu-
frieden ist sollte man quer denken und
eine neue unbekannte Option finden,
die das bestehende Problem löst.

2.06 Loslassen

Loslassen ist das gegenwärtige Zauberwort. Das Thema wird von unzähligen Autoren beackert. Woher kommt diese große Nachfrage? Offensichtlich glauben sehr viele Menschen dem Rat der Verfasser folgen zu müssen.

In mancher Beziehung ist das Loslassen sogar unbedingt erforderlich. Zum Beispiel bei flügge werdenden Kindern, denn die brauchen jetzt unbedingt ihre Freiheit. Auch wenn man einen geliebten Menschen durch Tod ober Trennung verliert, muss man loslassen können. Damit man wieder ins Leben zurück findet. Manchmal ist dadurch sogar ein neuer positiver Neuanfang möglich.

Scheinbar aber hat der große Run um das Loslassen etwas mit unserer Zeit zu tun. Menschen, die sich eingesperrt, kontrolliert oder ausgebeutet fühlen möchten sich befreien. Das ist absolut verständlich. Wer sich eingeengt in Familie, Beziehungen oder Aufgaben fühlt, sollte unbedingt etwas ändern, etwas an Ballst abwerfen. Viele haben einen Terminkalender, der sie total durch taktet. Es bleibt keine freie Minute übrig. Ich erinnere mich gerne in dem Zusammenhang an die Erziehung unserer Kinder. Ich habe sie immer davor gewarnt zu viele Verpflichtungen zum Beispiel im Sport einzugehen. Es müsse immer noch genügend Zeit übrig bleiben, um unvorhergesehene Dinge zu tun. Es muss einem alles was man tut noch Spaß machen. Sonst fühlt man sich plötzlich überlastet.

Doch aufgepasst, wer sich glaubt von allem zu befreien zu dürfen, der begibt sich in eine neue Gefahr. Denn eigentlich ist der Mensch ein soziales Wesen, wir brauchen unsere Umgebung zur Kommunikation und zum Austausch. Wer also alles abwirft, ist plötzlich alleine. Mancher wird sagen, dann habe ich mich ja noch selbst. Für unsere Wirtschaft sind solche Individuen sehr willkommen. Sie leben meist alleine, in Großstädten und betragen fast 40 % aller Haushalte. Sie sind meist sehr flexibel, zu jeder Zeit an unterschiedlichsten Orten einsetzbar. Ihre Bindungslosigkeit macht sie stets verfügbar.

Aber was ist, wenn plötzlich so ein Job wegbricht?

Dann gibt es Niemanden, der einem wieder auf die Beine hilft!? Es gibt nichts mehr, an das man sich festhalten kann. Dann sind diese Menschen ganz auf sich oder auf Berater gestellt. Oft ist dann ein Selbstmordgedanke gar nicht weit.

Das Fazit daraus ist, am besten immer ein gesundes Mittelmaß halten. Von Unnötigem frei machen, aber nie ganz alleine da zu stehen. Denn wir brauchen unsere Mitmenschen genau so wie sie uns brauchen.

2.07 Fasten

Das germanische Wort Fasten kommt als christlicher Begriff von *fasten = an den Geboten der Enthaltsamkeit festhalten.*

Es gibt drei Formen des religiösen Fastens:

1. Vollfasten = keine Nahrung, kein Trinken.

2. Halbfasten = nur ein Mahlzeit und Trinken ist erlaubt.

3. Abstinenz = Verzicht auf bestimmte Nahrungsmittel und Getränke.

Die religiöse Fastenzeit beginnt am Aschermittwoch und endet am Karfreitag vor Ostern.

Was passiert denn eigentlich beim Fasten?

Fasten trainiert den Stoffwechsel. Wenn der Körper nicht verdauen muss können wichtige Zellreinigungsprozesse leichte ablaufen. Dadurch steigt die Immun-Abwehr und der Körper entledigt sich von Müll.

Mittlerweile gibt es aber nicht nur religiöse Impulse zum Fasten, sondern oft auch gesundheitliche Gründe. Sei es, dass man absolut ein paar Pfunde los werden möchte oder muss, weil einem der Arzt nahe gelegt hat, auf bestimmte Nahrungsmittel zu verzichten. Doch ich möchte gleich hinzu fügen, dass ein erzwungenes Fasten meist nicht so einfach einzuhalten ist. Weil der Mensch dazu neigt, schnell wieder ins alte Fahrwasser zurück zu kehren. Ganz besonders schwer fällt es den Menschen zu fasten, wenn in ihrer unmittelbaren Umgebung ständig jemand über die Stränge schlägt. Sei es, weil er einfach essen kann, ohne zu zu nehmen oder weil er sich einen Teufel um gute Ratschläge kümmert

Ein besonderes Problem stellt Über-gewicht aber bei der heutigen jungen Generation dar. Ganz besonders dann, wenn auch noch Bewegungsmangel hinzu kommt oder etwa Corona, wo wir alle zum Stillsitzen verdammt waren. Morgens geht es fast vom Bett weg per Elterntaxi bis vor den Schuleingang. Beim Sport möglichst mit irgend einer Ausrede schwänzen. Mittags mit Elterntaxi wieder fast vor die Couch, wo schon sehnsüchtig das Handy oder der PC warten. Dazu passt dann noch gut eine süße Cola oder gar zwei. Denn fehlende Bewegung sind der größte Feind unserer Gesundheit. Da ist dann der nächste Arztbesuch bereits vorprogrammiert.

Für mich hat die Fastenzeit aber noch nie eine besondere Bedeutung gehabt. Ich versuche mich immer so ausgewogen wie möglich zu ernähren, das ist sowohl für den Körper, wie auch für dem Geist am leichtesten einzuhalten. Wenn ich mal zu viel gegessen oder gar getrunken habe, - natürlich kommt das auch gelegentlich bei mir vor - gleiche ich es danach mit Enthaltung wieder aus. Auch das fällt mir nicht schwer, ich

empfinde es doch wie wie Erleich-
terung, nicht wie eine Strafe. Auch bin
ich nicht so gläubig, dass ich dadurch
beim Lieben Gott dafür vielleicht eine
Bank weiter nach vorne käme. Da sitzen
ohnehin schon alle Veganer und Vege-
tarier.

2.08 Zwei Seiten des Lebens

Alles im Leben hat zwei Seiten. Denn egal, wie wir es wenden, wir kommen um das Gesetz der Polarität in unserem Leben nicht herum:
- hell und dunkel,
- groß und klein,
- heiß und kalt,
- gesund und krank,
- wachen und schlafen,
- ruhig und aufgeregt,

- Tag und Nacht,
- Kälte und Wärme,
- Gutes und Schlechtes,
- Mann und Frau,
- geboren werden und sterben usw.

Alles im Leben ist auf Dualität ausgelegt. Betrachten wir unseren Körper so erkennen wir zwei Seiten, die linke und die rechte. Die linke Körperhälfte ist dabei die weibliche, die Yin-Seite. Die rechte Körperhälfte steht für die männliche, die Yang-Seite. Man kann auch sagen, dass im Einen immer auch das Andere zu finden ist. Aus Erfahrung können wir sagen, dass eine schlechte Erfahrung immer etwas Gutes zur Folge hat. Das Wichtigste ist, diese beiden Pole immer im Gleichgewicht zu halten. Wird ein Pol überbetont, dann sorgt das Leben für den Ausgleich.

In der Psychologie spricht man vom Schatten, den man nicht einfach weg drücken kann. Denn es gibt keinen Menschen, der keinen Schatten hat. Beide Pole wollen bewusst und unbewusst immer in Balance gehalten werden. Das kann man alleine am Symbol für Yin und Yang erkennen.

Was bedeutet das für uns?

Es heißt, dass wir immer die Polarität im Auge behalten müssen, denn beides ist immer da. Diese Realität kann man lernen. Wir können lernen mehr und mehr anzunehmen, was gerade ist, nämlich die Realität. Dabei können wir beides, das Gute und das Schlechte wahrnehmen und bewusst unsere ganze Aufmerksamkeit immer auf das Gute lenken und auch danach handeln. Denn das, worauf wir unsere ganze Aufmerksamkeit richten, wird dann stark zunehmen.

Manche Menschen fühlen sich in ihrem Beruf nicht wohl oder haben Probleme beim Einstieg in einen Beruf. Dann ist es wichtig sich klar zu werden über zwei Fragen:

- Was sind meine Stärken?

- Was würde ich am liebsten tun?

Dabei wird man verblüfft feststellen, dass man ganz viele Stärken hat. Wenn man sich konzentriert auf das was man am besten kann, wird man auch den richtigen Job finden. Sich seinen Stärken bewusst zu sein gibt Kraft und Selbstsicherheit. Wichtig ist aber, dass man immer im Auge behält, was einem am meisten Erfüllung bringt. Dabei sollte man sich nicht irritieren lassen von dem was andere tun oder was gerade in Mode ist. Dabei sollte man nicht ängstlich vor gehen, sondern sich immer seinen Stärken bewusst sein. Nicht auf hohles Gerede Anderer herein fallen, den oft sind die Menschen unaufrichtig. dabei spielt das eigene Umfeld eine ganz wichtige Rolle. Positiv eingestellte Menschen beflügeln uns. Dagegen negativ eingestellte Menschen drücken uns.

Deshalb sollte man sich immer der Bedeutung von Yin und Yang bewusst sein.

2.09 Alt werden

Nach einer Studie, die der Antidiskrimi-
nierungs -Beauftragte in Auftrag gegeben hat gibt es in Deutschland eine
Altersdiskriminierung. Das gab es zwar
schon immer und überall, aber in den
letzten Jahren stehen die negativen Be-
wertungen deutlich im Vordergrund.
Dabei bringt auch das Alter viel Erfahrung mit sich, die von 'den Jungen
viel besser genutzt werden sollten.
Stattdessen beschweren sich viele
Befragte, dass die Alten:

- zu viel Macht haben, die sie missbrauchen,
- sie denken nur rückschrittlich,
- sie bremsen jede Weiterentwicklung,
weil sie an Altem festhalten,
- sie missbrauchen ihre Machtpositi-
onen gegen die junge Generation,
- sie würden den Planeten plündern und
den Jungen die Zukunft zerstören,
- Das Umwelt- und Sozialsystem würde
auf den Kopf gestellt,

- sie sollten sich besser aus der Gesellschaft zurück ziehen.

Zugegeben, jeder macht Fehler. Aber dieses harte Urteil wird auch irgendwann die jetzt Jungen treffen, denn auch sie werden alt! Klar ist, niemand ist unfehlbar. Von den Vorwürfen gegen die Alten bestehen manche zu Recht, aber viele sind eben nur vorgeschoben. Deshalb sollte die Diskussion zwischen den Generationen unbedingt wieder aufgenommen werden.

Alten Menschen wird oft unterstellt, dass sie es sich auf Kosten der Jungen gut gehen lassen. Hier zeigt sich, wie irrational der Verteilungskonflikt zwischen den Generationen gerade geführt wird. Menschen, die ihr Leben lang hart gearbeitet und eingezahlt haben, denen steht auch das Recht zu, etwas zurück zu bekommen. Deshalb sind sie noch lange keine Schmarotzer. Zudem ist bei dem heutigen Rentensystem der demografische Wandel bereits berücksichtigt.

Leider ist aber durch zahlreiche Rentenreformen in den vergangenen Jahrzehnten die Altersarmut sogar noch gestiegen. Ein Durchschnittsrentner bezieht nur etwa 1.200 €, eine Durchschnittsrentnerin nur etwa 750 € im Monat. Damit kann man keine großen Sprünge machen. Natürlich gibt es Rentner, die im Leben viel erwirtschaftet haben und nun aus dem Vollen schöpfen können. Das Problem liegt also nicht zwischen den Generationen, sondern eher *innerhalb* der Generationen.

Deshalb ist die Generationen-Debatte eine reine Scheindebatte, um vom wahren Konflikt abzulenken. Die Generationen-Debatte sollte unbedingt wieder aufgenommen werden und fair geführt werden. Zum Schutz der bedürftigen Rentner sollte die Ächtung der Altersdiskriminierung im Grundgesetz verankert werden.

2.10 Glücklich sein

Glücklich sein bedeutet, ein positives Gefühl der Freude, des Wohlbefindens und der Zufriedenheit zu spüren. Das kann auf verschiedene Dinge zurück zu führen sein, wie zum Beispiel Erfolg bei der Arbeit, eine liebevolle Beziehung, gute Gesundheit oder das erreichen von besonderen persönlichen Zielen.

Jeder Mensch hat ein anderes Empfinden von Glück, seine eigene Definition davon, was ihn glücklich macht. Manche Menschen sind schon glücklich und zufrieden. Auch die Jahreszeit spielt dabei eine wichtige Rolle. Schon alleine der Frühling macht viele Menschen glücklich, wenn die Natur wieder aus dem Winterschlaf erwacht und die Knospen beginnen auf zu brechen. Zufriedenheit ist ein wichtiger Faktor.

Andere haben die Latte höher gelegt. Sie haben nur glückliche Momente, wenn wirklich etwas ganz Besonderes passiert, wie etwa ein hoher Lotto-

gewinn oder eine besondere Beför-
derung. Noch schwieriger ist es bei den
sehr Anspruchsvollen. Sie haben an
allem etwas auszusetzen und fühlen sich
nie glücklich. Glück ist ein Gefühl, das
man nur zeitweilig spürt. Ein glück-
liches Leben ist eines, das sinnvoll,
stimmig und lebendig gelebt wird, so
nannte man früher zufriedene Menschen.

Was so leicht klingt, ist in unsere Zeit
mit starker Reizüberflutung nicht so
leicht zu erreichen. Täglich bekommen
wir ungeheuer viele Impulse aus den
unterschiedlichsten Medien. Diese sind
viel intensiver, als früher und beein-
drucken uns mehr. Auch streben viele
Menschen ständig danach mit anderen
zusammen zu sein und sich an ihnen zu
orientieren. Das war besonders schwie-
rig in Corona-Zeiten.

Wissenschaftler haben aber heraus gefunden, dass trotz relativ hohem Wohlstand und Frieden viele Menschen sich

trotzdem nicht glücklich fühlen.

Woran kann das liegen?

Werden Wünsche zu schnell und zu oft sofort bedient, bauen wir keine Frustrations-Tolleranz und wenig Anpassungsfähigkeit auf. Beides ist aber notwendig, um sich selbst wahr zu nehmen. Denn das gibt uns das Gefühl für Sicherheit und Kompetenz. Nur so gelingt es uns, auch mit Misserfolgen fertig zu werden und die hat jeder mal.

Sinnvoll ist es sich drei Fragen selbst und ehrlich zu beantworten:

- Was möchte ich für ein Mensch sein?
- Wie möchte ich mit meinen Mitmen schen umgehen?
- In was für einer Welt möchte ich le ben?

Dinge anzugehen und selbst zu gestalten, sind der Schlüssel, um glücklich zu sein.

Wie man unschwer erkennen kann, ist jeder seines Glückes Schmied.

2.11 Rentensysteme

Um die Rente wird in Deutschland immer öfter diskutiert, ob am Stammtisch, am Arbeitsplatz oder zu Hause. Das Ergebnis ist meist, die Renten sind zu niedrig und man muss zu lange dafür arbeiten. Schaut man sich in Europa um findet man die unterschiedlichsten Rentensysteme.

Im Vergleich von 70 Europäischen Staaten landet Deutschland auf Platz 26. Das ist nicht gerade besonders gut!

Problematisch ist bei uns hauptsächlich die Altersstruktur und die Tatsache, dass nicht alle Arbeitenden in ein Rentensystem einzahlen. Denn Selbstständige, Beamte und vor allem Politiker zahlen nicht in die Rentenversicherung ein. Dadurch fehlen dem System die Mittel.

Zum Verständnis: jede Rente wird ermittelt aus den Leistungen, die man erbracht hat. Egal bei wie vielen Arbeitgebern man gearbeitet hat. Das ergibt dann am Ende einen Rentenanspruch. Politikern erwerben durch ihre parlamentarische Arbeit zusätzlich eine zweite Rente, die ist abhängig von der Zugehörigszeit.

Warum eigentlich?

Leider ist wohl nicht zu erwarten, dass je ein Politiker diese Regelung abschaffen möchte, denn er profitiert doch selbst davon.

In Europa gibt es genug gute Vorbilder, an denen wir uns orientieren könnten.

Doch welches Land hat das beste System?

Immer wieder wird das Österreichische Rentensystem als viel besser als unseres angesehen. Man bekommt in Österreich viel mehr Rente und man muss trotzdem weniger dafür arbeiten. Ein Vergleich belegt dies.

Das Renteneintrittsalter in Österreich liegt bei 60/65 Jahre. In Deutschland müssen ebenso Frauen 60 Jahre und Männer 65 Jahre arbeiten um Rente zu bekommen. Die Lohnersatzrate nach 45

Jahre Erwerbstätigkeit beträgt in Österreich 91,8 %. In Deutschland dagegen nur 50,5 %. Außerdem werden in Deutschland 12 und in Österreich 14 Renten im Jahr gezahlt.

Ist Österreich also ein Rentnerparadies?

Erkauft sich Österreich ein großzügiges Rentensystem etwa zu Lasten seiner Wirtschaft und Wettbewerbsfähigkeit? Es spricht wenig dafür, dass das großzügige Alterssicherungssystem in Österreich der wirtschaftlichen und der Arbeitsmarkt- Entwicklung des Landes schädlich gewesen wäre. Die stabilisierende Wirkung von Sozialausgaben in Krisenzeiten und die stärkere Binnennachfrage machen den Kern des Österreichischen Erfolgsmodells aus.

Das Fazit unter dem Strich lautet, dass unser Rentensystem sehr stabil ist. Was aber nicht bedeutet, dass in Zukunft nach gesteuert werden muss. Sinnvoll erscheint aber, dass künftig die Einbe-

ziehung der Beamten, der Selbst-
ständigen und auch der Politiker sinnvoll wäre, um das System finanziell zu
stützen. Auch die Anhebung der Arbeit-
geberanteils wäre denkbar, ohne der
Wirtschaft zu schaden. Dann wäre
vielleicht auch bei uns eine 13. Rente
im Jahr möglich.

3.0 WISSENSWERTES
3.01 Sprachroboter

Jeder der ein Smartphone nutzt hat es schon erlebt, dass das Gerät nach der Eingabe von ein paar Buchstaben Wortvorschläge präsentiert.

Wie geht das?

Das Handy verfügt bereits über eine Datenbank, die wir selbst geschaffen haben, aus der es die Worte präsentiert. Durch die ständige Nutzung erweitern wir selbst ständig diese Datenbank.

Inzwischen haben einige Firmen erkannt, welches Potential darin schlummert. Sie haben begonnen Computerprogramme nach dem menschlichen Gehirn zu modellieren. So ein neuronales Netz besteht aus einer Vielzahl von übereinander geschichteten Recheneinheiten, die untereinander verknüpft sind und Informationen austauschen. Dank der heutigen Elektronik lassen sich Milliarden künstlicher Neuronen in die Verbindungsnetze integrieren. Solche Elektronengehirne werden aber nicht *programmiert*, sondern mit riesigen Datenmengen *trainiert*. Das Sprachmodell Chat GPT z. B. besteht alleine aus etwa 285.000 Prozesskernen, etwa 10.000 Grafikkarten und etwa 300 Milliarden Textbausteinen, die unter anderem aus Webseiten, Büchern oder Wikipedia-Texten entnommen wurden. In einem ersten Schritt durchsucht nun die KI zugrunde liegende, zuvor programmierte Algorithmen und erlernt so sprachliche Muster. In einem zweiten Schritt erfolgt dann das Feintuning, dabei wird es mit entsprechenden Fragen und Antworten trainiert. Anhand eines mathematischen Modells errechnet die Sprach-KI dann eine Wahrscheinlichkeit, mit der bestimmte Worte aufeinander folgen. Am Ende wir dann der daraus zusammengesetzte Text ausgegeben. Dabei kann es allerdings auch passieren, dass die KI falsche Texte miteinander verbunden hat. Dann spricht man von einem *stochastischen Papagei* (Text ohne Sinn)!

Was beim Training im Inneren des Netzwerkes passiert, wie sich zum Beispiel die Gewichtung der Verbindungen und damit ihr Einfluss auf das Ergebnis ändert, ist von außen aber nicht nachvollziehbar. So ein neuronales Netz ist wie eine Black Box!

Schon lange begegnen uns Gerätebeschreibungen und Aufbauanleitungen z. B. für Möbel, die einem etwas eigenartig vorkommen. Diese Texte sind sicher schon von Sprachrobotern verfasst.

Große IT-Unternehmen wollen nun Künstliche Intelligenz (KI) in ganz großem Stil anbieten. Inzwischen kann ein Sprachroboter kurze Werbesprüche oder Referate verfassen. Auch Gedichte und Erzählungen sind bereits möglich. Ja, sogar Bilder können schon mit KI gemalt werden.

Möglich ist das nur, weil die KI

sozusagen das menschliche Formulieren nach ahmt.

Wie kritisch ist diese neue Entwicklung nun zu bewerten?

Sind künstliche Texte eine Gefahr? Muss man künftig allen Texten misstrauen? Es könnte ja sein, dass ein Sprachroboter großen Unsinn produziert, ohne dass wir es merken. Denn grundsätzlich ist auch er von Menschenhand gesteuert. Übersehen darf man dabei aber nicht, dass menschliche Texte nicht grundsätzlich zuverlässiger sind. Auch Menschen formulieren oft missverständlichen Unsinn oder vergreifen sich im Ton, der korrekturbedürftig ist. Deshalb sind die Computertexte nicht grundsätzlich schlechter. Sie erleichtern dem Menschen zumindest in bestimmten Bereichen die Arbeit und sind vielleicht sogar manchmal präziser. Aber wie gesagt, eben nur in bestimmten Bereichen.

Schon bald wird es auch Anwendungen

für spezielle Bereiche wie medizinische Behandlungen oder juristische Verfahren geben, wo KI zuverlässige Texte erstellen kann. Auch wird schon überlegt, KI im schulischen Bereich anzuwenden. Clevere Schüler haben es auch schon versucht, KI für Aufsätze anzuwenden. Früher nahmen sie dazu oft die Hilfe ihrer Eltern in Anspruch. Heute bedienen sie sich der Intelligenz des Sprachroboters. Das Ergebnis war verblüffend!

Aufgefallen sind sie nur dadurch, dass plötzlich sehr gut formulierte Texte von mittelmäßigen Schülern kamen. Aber betrogen wurde bekanntlich schon immer! Deshalb folgt daraus, dass man künftig wichtige Texte mit KI nur noch im Unterricht, also unter Aufsicht, verwenden lassen sollte.

Ganz neu ist der Einzug der *Künstlichen Intelligenz bei der modernen Kriegsführung*. Die amerikanische Firma *Palantir* soll eine Software entwickelt haben, die in der Lage ist feindliche Stellungen zu finden. Die KI-Algorithmen der Software arbeiten dabei ähnlich wie bei der Gesichtserkennung. So können Panzer oder anderes Kriegsmaterial aufspüren, das gut getarnt im Wald oder zugeschneit ist. Mit einem Klick auf das Ziel werden den Soldaten Wärmebilder angezeigt. Aber auch die Zielkoordinaten können mit einem Klick abgerufen werden. Die Software sei so einfach zu bedienen, dass selbst Laien damit umgehen können. Es heißt, dass inzwischen jedes ukrainische Bataillon mindestens einen Computerspezialisten in ihren Reihen hat.

Mit dem Algorithmischen Krieg ist die ukrainische Armee in der Lage den zahlenmäßig überlegenen russischen Streitkräften nicht nur standzuhalten, sondern sie sogar zurück zu drängen. Damit ist der Krieg in eine ganz neue Phase getreten.

Es gibt aber auch sehr interessante zivile Anwendungsgebiete. Das zeigt ein Projekt bei *Jugend forscht.* Den Jungen war aufgefallen, dass im Sommer viele Igel im Garten durch Mähroboter verletzt werden. Das Problem bei den Igeln ist nämlich, dass sie bei Gefahr nicht weg laufen, sondern sich zusammen rollen. Deshalb machten sich Jugendliche daran, eine Software zu entwickeln, die den Igel erkennt und den Mähroboter 50 cm vor dem Igel stoppt. Beim Regionalentscheid von *Jugend forscht* bekam der Vorschlag dafür den ersten Preis. Nun will man die Roboter-Hersteller dafür gewinnen, diese Software in ihre Geräte zu integrieren, damit künftig solche Unfälle vermieden werden können.

In einem Punkt ist der Roboter dem Menschen aber eindeutig unterlegen. Er kann aus Experimenten und der Forschung keine Schlussfolgerungen ziehen, sondern nur hilfreich dem Menschen zuarbeiten. Deshalb sollte ein Sprachroboter als Schnittstelle zwischen Internet und dem Menschen nur verwendet werden, wenn ständig nachjustiert wird. Natürlich werden die Sprachroboter durch ständige Weiterentwicklung immer intelligenter, aber genau das birgt auch einige Probleme. Durch wiederholte und unmögliche Fragestellung kann man den Roboter auch zu falschen Antworten zwingen.

Wichtig wird es deshalb sein, dass man rechtzeitig bestimmte Bremsen einbaut, wie etwa die Vermeidung von Themen wie Rassismus, Diskriminierung und Beleidigung. Das Problem ist, dass der Roboter nicht zu widersprüchlichen Antworten gezwungen werden darf. Sicher werden findige Nutzer auch da Lücken finden.

Deshalb ist die KI künftig ständig unter Beobachtung zu stellen. Momentan beschäftigt sich sogar das Europäische Parlament damit.

3.02 Ein Fußabdruck

Jeder von uns hinterlässt irgendwo einen Fußabdruck. Am deutlichsten ist es im Schnee oder am Strand im Seesand. Oft haben mich beim Strandbummel diese Fußabdrücke amüsiert. Auch als Laie kann man manchmal krankhafte Veränderungen feststellen, z.B. wenn jemand Plattfüße oder eine falsche Beinstellung hat. Deshalb sagt ein Orthopäde meistens auch zum Patienten, er soll doch ein paar Schritte laufen, damit er ihn beobachten kann.

Im Schnee und auch am Strand vergehen solche Abdrücke aber meist sehr schnell, entweder durch Wasser, durch den Wind oder andere Umwelteinflüsse. Manche bleiben aber auch über Jahrtausende oder gar Millionen Jahre sichtbar und dienen heute noch Wissenschaftlern bei der Forschung.

Besonders wichtig waren Spurensucher für unsere Vorfahren schon für die Beschaffung der notwendigen Nahrung, aber auch um sich vor Gefahren zu schützen. Geradezu Lebensnotwendig war es zu wissen, von welchem Tier diese Fußabdrücke sind, wie schwer es ist und in welche Richtung es gelaufen ist. So konnte man Raubtieren geschickt aus dem Wege gehen. Oder aber Tiere finden, die als Nahrung dienten.

Aber auch heute ist es gar nicht schlecht, wenn man beim Wandern etwa auf Fußspuren achtet. Denn einer Wildschwein-Rotte zu begegnen ist nicht immer ganz ungefährlich ganz besonders, wenn etwa Frischlinge dabei sind. Dann kann sowohl der Eber aber auch die Bache, also die Muttersau, ganz schön angriffslustig sein. Einfach nur, um ihren Nachwuchs zu schützen. Ich bin auf dem Lande aufgewachsen, lief oft alleine über Felder, zum Beispiel zur Schule und kam auch ein einem kleinen Wäldchen vorbei. Mein Vater hatte mir eingeschärft, sollte ich überraschend Wildschweinen begegnen, so schnell wie möglich auf den nächsten Baum zu klettern.

Fährten lesen kann man auch mit ausgebildeten Spürhunden. Denen braucht man nur ein Kleidungsstück der gesuchten Person unter die Nase halten und schon sind sie in der Lage über Kilometer weit einfach ihrer Nase nach zu gehen. Viele Kriminelle sind so schon leicht zur Strecke gebracht worden.

Ganz neue Möglichkeiten eröffnet die DNA-Forschung, sozusagen die Feststellung des Erbgutes. Die DNA-Analyse kann für verschiedene Zwecke eingesetzt werden.

- In der Medizin, um Krankheiten besser erkennen und heilen zu können.

- um Verwandtschaftsverhältnisse zu klären, wie etwa bei dem Nachweis der Vaterschaft.

- Auch bei Lebensmittelkontrollen wird sie eingesetzt, um Genmanipulationen fest zu stellen.

- Aber auch zu kriminalistischen Zwecken in der Forensik werden DNA-Untersuchungen immer wichtiger. Inzwischen ist es sogar möglich Augen-, Haar- und Hautfarbe, sowie das Alter der betreffenden Person mit DNA-Untersuchungen festzustellen. Und das sogar bei Fällen, die Jahre oder gar Jahrzehnte zurück liegen. Dazu werden die alten Asservate neu per DNA-Analyse untersucht. So werden immer mehr alte Kriminalfälle sogar heute noch gelöst.

Auch gibt es den biologischen Fußabdruck. Man kann nämlich ermitteln ob man sich umweltschonend oder umweltbelastend verhält. Mein Test ergab 1,6 gha, der Durchschnitt weltweit liegt bei 2,8 gha und in Deutschland liegt er sogar bei bei 4,7gha!

Aber was sind gha?

Der biologische Fußabdruck eines Menschen besteht aus der produktiven Fläche auf der Erde, die notwendig ist

um den Lebensstil und den Lebens-
standard eines Menschen dauerhaft zu
ermöglichen. Er soll ein Indikator für
Nachhaltigkeit sein. Das beinhaltet auch
Flächen, die zur Produktion von Nahrung, Kleidung u.a., auch für die Bereit-
stellung von Energie und auch die
Abfallbeseitigung oder zum Binden des
durch menschliche Aktivitäten freige-
setzte Kohlenstoffdioxids, benötigt werden. Der Fußabdruck gha kann dann mit
der Biokapazität der Welt verglichen
werden. Dieses Konzept wurde 1994
von Mathias Wackenagel und Wilhelm
Rees entwickelt. 2003 wurde von
Wackenagel das *Global Futprint Network* gegründet, das unter anderem
auch von Ernst Ulrich von Weizsäcker
unterstützt wird.
Aber, die moderne Computertechnik hat
auch ihre Schattenseiten. Alles was wir
im Netz recherchieren oder speichern
bleibt sozusagen als unser Fußabdruck
erhalten und kann leicht von Unbe-

fugten eingesehen werden. So lange man im Leben keine gravierenden Fehler gemacht hat, ist es ja nicht schlimm. Aber wehe dem, der irgendwo im Keller eine Leiche vergraben hat. Der kann auch noch nach langer Zeit damit erpresst oder zur Rechenschaft gezogen werden.

Besonders gefährdet sind die Menschen, die gerne von sich ein Selfi machen. Laut der Forschung tun dies angeblich 34 % aller Userinnen und User. 40 % davon stellen ihre Bilder dann auch noch ins Netz. Bei 24 % der Probanden, die mindestens 7 Selfis pro Tag machten, stellten Wissenschaftler eine chronische *Selfitis* fest, also einen krankhaften Zwang.

So lange sich das im privaten Bereich abspielt ist es noch ungefährlich. Aber wehe, diese Daten gelangen ins Netz. Wenn sich ein solcher Mensch irgendwo bewirbt, kann es zum Problem werden. Denn angeblich schauen inzwischen 50 % der Chefs bei Bewerbungen zuerst ins Internet, ob über den Bewerber etwas zu erfahren ist. Der Chef kann also bereits bevor er die Bewerbung gelesen hat umfangreiche Informationen haben. Das kann sich dann unter Umständen recht negativ auswirken.

Sich davor zu bewahren würde nur gehen, wenn man seine Identität wechselt. Aber das geht nur, wenn man vom Staat vor irgendwelchen bösen Menschen geschützt werden muss. Aber auch die ist letztendlich sogar nachvollziehbar!

3.03 Treppen

Die Treppe oder auch die Leiter kennen wir in doppelter Bedeutung. Auch wenn wir Menschen von Natur aus keine Treppensteiger sind, sondern eher geborene Läufer. Dafür hat die Evolution uns die aufrechte Anatomie unseres Körpers gegeben.

Wozu braucht man Treppen?

Man kann über sie sowohl nach oben, wie auch nach unten steigen.

- Nach oben, um dadurch in eine bessere Aussichtsposition zu kommen.

- Nach unten, um vielleicht einen guten Wein aus dem Keller zu holen.

Das hört sich alles sehr positiv an. Doch was ist, wenn man oben angekommen feststellt, dass der Sturm gerade das ganze Dach abgedeckt hat. Oder man kommt in den Keller und stellt fest, dass ein Rohrbruch den ganzen Weinkeller geflutet hat. Aber das tritt zum Glück nicht jeden Tag ein.

Aber seit es Rolltreppen und Aufzüge

gibt, meiden viele Menschen die Treppen, weil sie zu anstrengend oder zu unbequem sind. Dabei ist das Treppensteigen ein gutes und kostenloses Fitnessgerät. Es hilft durch Kalorienverbrennung gegen Übergewicht. Es trainiert die Muskeln und die Gelenke und verbessert den Kreislauf.

Man kann also sagen, wer Treppen steigt, lebt länger!

Dann gibt es noch die Treppe oder die Leiter im Leben, die sogenannte *Karriereleiter.* Oft stehen wir davor und wissen nicht, wie es weiter geht, denn erst nach weiteren Schritten ist erkennbar, ob sie nach oben oder unten führt. Manchmal gehen wir stürmisch und bedenkenlos nach oben, ohne die Folgen zu überlegen. Manch einer hat sich später mit einem Burnout wieder gefunden. Oder hat feststellen müssen, dass er seine Familie verloren hat, weil er sie total vernachlässigte.

Deshalb sollte man jeden Schritt nach

oben oder nach unten gut vorher überlegen, ehe man weitere Schritte geht.

3.04 Freizeitverhalten

Freizeit war vor mehr als 100 Jahren in erster Linie den oberen Bevölkerungs-schichten vorbehalten. Die arbeitende Bevölkerung hatte so gut wie keine Freizeit, denn sie war meist damit beschäftigt ihren Lebensunterhalt zu bestreiten. Besonders auf dem Lande mussten oft schon schon die Kinder den Eltern bei der Arbeit helfen, damit waren sie auch gleichzeitig beauf-sichtigt. Wenn diese Kinder Zeit hatten, spielten sie meist im Freien mit einfachen Hilfsmitteln. Alte Fahrrad-felgen dienten z.B. der Fortbewegung, den sie mit einem Stecken vor sich her trieben. Oder Hüpfspiele, für die man mit Kreide Felder auf die Straße malte. Auch Murmeln gab es schon, die sich aber nicht jedes Kind leisten konnte. Spielzeug oder etwa Sportgeräte, wie Fahrräder gab es kaum. Die Kinder von Reichen beschäftigten sich oft musisch, indem sie ein Instrument lernten, malten oder Bücher lasen.

Vor 100 Jahren gab es noch kein Radio (doch, ab 1904), kein Fernsehen und erst recht keine Computer. Kinos, Freizeitparks oder ähnliches gab es nur in Städten. Deshalb waren die Jugendlichen gezwungen ihre begrenzte Freizeit selbst zu gestalten. Sie gründeten Wandervereine, Volkstanzgruppen oder Sportvereine in denen sie sich trafen und miteinander Aktivitäten unternahmen.

In den 1930-er Jahren wurde die Freizeit zum Teil ideologisch und politisch ausgerichtet und gelenkt. Sportarten, die auch militärischen Nutzen hatten standen im Vordergrund.

In der Zeit nach 1945 gingen Ost- und Westdeutschland ganz getrennte Wege. Im Westen stand die friedliche und freiwillige Beschäftigung im Vordergrund, ähnlich wie vor dem Krieg.

In der DDR hingegen wurde besonderer Wert darauf gelegt, die Jugend politisch zu motivieren.

Betriebe, in denen die Jugendlichen arbeiteten, versuchten die Jungen einzubinden. Sie gründeten z.B. Sport- und Volkstanzgruppen und unterhielten Ferienheime und organisierten gemeinsamen billigen Urlaub. Natürlich waren alle diese Organisationen politisch ausgerichtet. Zu diesen Massenorganisationen in der DDR gehörten der Freie Deutsche Gewerkschaftsbund (FDGB), der Deutsche Turn- und Sportbund (DTSB), die Jugendorganisationen FDJ und Junge Pioniere und die Gesellschaft für Sport und Technik (GST). Die GST bot z. B. Motorsport, Schießen, Morsen usw. kostenlos an. Der Staat finanzierte das Material, die Jugendlichen konnten nach Herzenslust basteln und aktiv werden. Wichtigstes Ziel des Staates war aber, die Jugendlichen politisch zu schulen und unter Kontrolle zu haben.

Wem das nicht passte suchte sich eine Nische. Camping war so eine Nische und da besonders die Freikörperkultur (FKK). In der DDR gab es viele FKK-Bereiche an der Ostsee und auch an Seen. FKK war aber ursprünglich aus gesundheitlichen Gründen besonders um Berlin Anfang des 20. Jahrhunderts entstanden. Es sollte den Menschen helfen zu gesunden, die in düsteren Hinterhöfen leben musste, wo keine Sonne hin kam und viele Menschen an Tuberkulose erkrankten.

Freikörperkultur bzw. Naturismus ist als Haltung und Lebensweise folgendermaßen definiert:

Sie kommt zum Ausdruck in der gemeinschaftlichen Nacktheit, verbunden mit Selbstachtung, sowie Respektierung der Andersdenkenden und der Umwelt. Gemeinschaftliche Nacktheit ist ein essentielles Kennzeichen des Naturismus, der die Naturelemente Sonne, Luft und Wasser völlig auswertet. Der Naturismus stellt das psychische und physische Gleichge-

wicht wieder her, indem er Erholung in eine natürliche Umgebung bringt, durch Bewegung und Respekt für die Grundprinzipien von Gesundheits- und Ernährungslehre. Der Naturismus fördert viele Aktivitäten, die Kreativität entwickeln.

Anliegen der FKK-Bewegung ist dabei die Freude am Erlebnis der Natur und der Realisierung von Freiheit.

Letzteres war vielen Menschen in der DDR ein großes Anliegen, denn überall wurde man kontrolliert. Ich darf nur daran erinnern, dass man Westfernseher an der Stellung der Antenne ausgemacht hat. Oder die Befragung der Kinder in der Schule nach dem gesehenen Programm am Abend oder am Wochenende. Die Stasi hatte mit der Zeit überall ihre Ohren, auch bei der FKK, indem sie auch dort ihre Leute einschleuste.

In den 1970-er Jahren rückte dann das aufkommende Fernsehen in den

Vordergrund. Das war neu und interessant. Natürlich wurden auch die Angebote der Vereine und der Fitness-Studios immer begehrter.

Seit 40 Jahren untersucht *die Stiftung für Zukunftsfragen der Bundesbürger* das Verhalten der Menschen. Es zeigt sich, dass es in dieser Zeit deutliche Verschiebungen ergeben hat. War *Zeitung lesen* noch vor 40 Jahren auf Platz 1, rangierte es heute recht weit hinten. Heute steht dafür ganz vorne, sich mit dem PC zu beschäftigen. Internet-Nutzung und Musik hören stehen dafür ganz vorne in der Beschäftigungs-Skala. Danach folgt das Fernsehen. Zeitung lesen (1982 auf Platz 1) und ein Buch lesen werden heute nur noch von einer Minderheit regelmäßig ausgeführt. Der Rückgang beim Lesen hat die Psychologen ganz besonders beunruhigt. Dies wirft auf die neue Generation von Schülern und Studenten ein ganz besonders Licht.

Das Handy in Schulen zu verbieten ist zwar denkbar, wie in Frankreich, aber es ist ja auch gleichzeitig Werkzeug und somit nicht weg zu denken. Außerdem ist es sehr wichtig, die junge Generation so früh wie möglich für jede neue Technik zu interessieren und zu informieren.

Immer deutlicher zeigt sich, dass Freizeit zunehmend in den eigenen vier Wänden stattfindet. Dazu hat Corona 2020 bis 2022 wesentlich beigetragen, wo einfach viele Tätigkeiten außer Haus ganz entfielen. Durch Heim-Arbeit haben sich viele Menschen noch mehr zurück gezogen. Das Handy ist inzwischen für viele Menschen, besonders den Jungen, zum Mittelpunkt des Lebens geworden. Dadurch ist jeder Handy-Besitzer rund um die Uhr erreichbar. Anfangs vielleicht noch von vielen als positiv angesehen, entpuppte es sich bald als Plage. Per Handy werden inzwischen auch Millionen von

Bildern verschickt, die vielen anderen Menschen zugänglich sind. Das bedeutet für mich, wie ausgezogen in der Öffentlichkeit zu stehen. Wenn das nur die Jugendlichen erkennen würden, die täglich -zig Selfis ins Netz stellen, aus reinem Selbstwertgefühl. Denn man sollte sich immer bewusst sein, dass das ein Bumerang ist, der jeder Zeit zurück kommen kann.

Es ist nicht verwunderlich, dass dadurch der Stresslevel ständig gestiegen ist.

Eine Studie zeigt:

Gefangen zwischen Erwartungen von Dritten, scheinbar grenzenlosen Möglichkeiten und den eignen Bedürfnissen, fühlen sich zunehmend mehr Bürger gestresst. Ein Ausstieg aus diesem Hamsterrad ist nicht einfach, weshalb auch ständig die Gefahr von Burnout steigt.

Sind wir heute schlechter im Entspannen? Im Vergleich zu den 50-er Jahren eindeutig ja. Alleine die 6-

Tagewoche mit 48 Arbeitsstunden reduzierte damals die Freizeit. Übrigens war früher die dritthäufigste Frei-zeitaktivität das *Aus dem Fenster schauen!*

Heute ist Freizeit gleichbedeutend mit Stresszeit, eine Unternehmung dauert im Schnitt nicht länger als 2 Stunden. Danach muss schnell ein neuer Reiz her. Deshalb meine ich, ist jedem Menschen zu raten seine eigenen Aktivitäten stän-dig zu kontrollieren und für einen guten Ausgleich zu sorgen, sonst gerät man ins Hamsterrad und die Folgen können unübersehbar werden.

3.05 Unser Bildungssystem

Jeder vierte Viertklässler kann nicht richtig lesen besagt die IGLU-Studie! Das ist die Kurzform von Internationale Grundschul- Lese- Untersuchung! Da fragt man sich, wie schafft es ein Kind bis in die vierte Klasse, das nicht gut lesen kann? Das müsste doch inzwischen mindestens einem Lehrer aufgefallen sein. Oder wird in der Schule gar nicht mehr vorgelesen? Dabei ist es doch so einfach, das lesen bei vielen Gelegenheiten zu üben.

Klar, das eigentliche Problem liegt sicher im Elternhaus. Wo wird denn heute noch vor dem Schlafengehen vorgelesen? Dazu kommt sicher in vielen Familien das Problem, dass zu Hause nicht Deutsch gesprochen wird. Andere Eltern haben einfach keine Zeit mehr, sich so intensiv mit ihren Kindern zu befassen. Das möge doch bitte heute die Schule übernehmen! Dabei ist es doch so einfach dem Kind vor dem Ein-

schlafen noch eine halbe Stunde Smartphone zu genehmigen.

Eigentlich gehört zur Bedienung des
Smartphones auch, dass man lesen
kann. Doch da wird inzwischen ein
ganz neue *Kurz-Sprache* verwendet, die
mit richtigem Lesen eines Buches nicht
viel zu tun hat. Das ist zwar ein Problem, ließe sich aber leicht beheben.

Ein viel gravierenderes Problem ist aber
der Schulabschluss. Denn Jahr für Jahr
verlassen Tausende Jugendliche die
Schule ohne Schulabschluss. Bundes-
weit sind das 60 %. Eine Studie zeigt,
dass Jungen häufiger als Mädchen am
Ende der Schulausbildung ohne Abschluss abgehen. Überproportional be-
troffen sind Ausländer. Bei vielen fehlt
es einfach nur an der Motivation. Dazu
wäre ein Soziales Jahr gleich nach der
Schule für alle, Jungen wie Mädchen,
eine gute Lösung. Alle wären sofort
nach dem Schulabschluss von der
Straße und sie hätten Gelegenheit für

sich heraus zu finden, welcher Beruf für sie in Betracht käme. Bei manchen würden es wenigstens den Sinn schärfen für ein regelmäßiges Leben mit Pünktlichkeit und Zuverlässigkeit, das man im Beruf unbedingt benötigt. Auch wenn das Jahr keine Berufsfindung gebracht hat, so wird Einigen wenigstens klar geworden sein, welchen Beruf sie garantiert nicht wählen sollten.

Unsere Gesellschaft kann sich nämlich nicht leisten, auf diese Kräfte einfach zu verzichten, weil überall händeringend Arbeitskräfte gesucht werden. Sicher sind es meistens eher hochspezialisierte und qualifizierte Arbeitskräfte, aber es gibt auch untergeordnete Bereiche, wo man angelernt werden kann. So mancher Jugendliche hat im Laufe der Zeit einen Abschluss nachgeholt. Aber das reicht nicht, denn nur wenige Berufe können ungelernte Kräfte gebrauchen. Die Bertelsmann-Stiftung hat eine Empfehlung heraus gegeben, nach der über das Abschlusszeugnis hinaus dokumentiert werden sollte, welche Kompetenzen die Abgänger erworben haben. Dies würde die Chance auf eine Ausbildung auch ohne Abschluss erhöhen.

Es darf aber einfach niemand durch das Raster fallen, sondern muss rechtzeitig aufgefangen werden. Ihm muss Unterstützung gegeben werden, damit er nicht vergessen wird. Da die Lehrkräfte an den Schulen viel zu überlastet sind, um diese Aufgabe zu übernehmen, müssen andere Lösungen her.

Jugendberufsagenturen sollen Abhilfe schaffen, wie sie Olaf Scholz, damals noch Bürgermeister von Hamburg, schon vor Jahren entwickelt hat.

3.06 Rätselhaftes Bauchgefühl

Viele Dinge im Leben erledigen wir völlig automatisch. Wie zum Beispiel beim Auto fahren. Haben wir eine jahrelange Erfahrung, dann müssen wir nicht mehr überlegen, wann oder welchen Hebel oder Pedale wir gerade bedienen müssen. Auch vergessen wir inzwischen nicht mehr, den Sicherheitsgurt vor dem Losfahren anzulegen, wie es am Anfang sicher noch vielen oft gegangen ist.

Jeden Tag stellt uns unser Leben vor Entscheidungen. Manchmal sind es kleine, manchmal große Entscheidungen. Die kleinen meistern wir immer im Verborgenen oder hören einfach auf unsere innere Stimme, ohne dass wir darüber nachdenken müssen. Wenn wir richtig lagen, sind wir froh. Wenn wir aber falsch lagen, verdrängen wir es meistens. Es ist wie bei Horoskopen. Treffen sie zu, glauben wir daran. Treffen sie aber nicht zu, verdrängen wir sie.

Bei großen Entscheidungen wird es schon schwieriger. Dabei lassen sich manche Menschen einfach von ihrem Bauchgefühl leiten.

Doch was ist unser Bauchgefühl?

Wir übersehen dabei, welche irrationalen Zusammenhänge unser Gehirn dabei nutzt. Ein Beispiel: Sollen wir eine Zahl schätzen, so nutzt unser Gehirn unbewusst Zahlen, die uns erst kürzlich irgendwo begegnet sind. Das nennt man *das Ankerphänomen,* man begegnet ihm beispielsweise beim Ausverkauf in einem Kurzwarenladen. Wenn uns viele niedrige Zahlen begegnen, neigen wir dazu zu glauben, dass alles hier sehr billig ist. Doch das kann relativ gesehen völlig falsch sein. Denn uns fehlt in dem Moment der richtige Vergleich. Auch auf einem Gebrauchtwagenmarkt kann uns das Gleiche passieren. Haben alle Händler alle Preise vorher stark nach oben korrigiert, so suchen wir nur von diesen Preisen die niedrigsten aus, ohne zu wissen, ob diese Preise überhaupt der Realität entsprechen. Wir verlassen uns dabei ganz auf unsere innere Stimme. Doch die kann völlig falsch liegen, denn wir haben es hier mit einer völligen Verzerrung zu tun. Anders ist es, wenn uns die Situation völlig neu ist. Dann suchen wir nach Hilfen und verlassen uns einfach auf unser Bauchgefühl.

Doch ist uns damit wirklich geholfen? Aus dem zuvor Gesagten können wir schlussfolgern, dass es hier viel richtiger wäre, gründlich zu recherchieren, bevor man eine wichtige Entscheidung fällt. Denn es gibt viele sehr große Dinge in unserem täglichen Leben, bei denen wir uns nicht auf unsere Bauch gefühl verlassen sollten.

Zum Beispiel die globale Erderwärmung. Wir wissen schon Jahrzehnte lang davon, aber wir reden immer nur darüber, anstatt sofort etwas zu tun.

Dabei schmelzen bereits alle Gletscher und wir schauen zu und reden nur, anstatt sofort etwas dagegen zu tun. Da wäre das Wort des Jahres *Zeitenwende* wirklich angebracht. Erst wenn wir alle begreifen, dass nur eine Wende eintreten kann, wenn wir alle etwas dazu beitragen, wird die Wende auch Wirklichkeit.

3.07 Schneegestöber

Hat der Wintersport noch Zukunft? Wie lange wird es noch olympische Disziplin geben? Ich erinnere mich noch gut, dass in meiner Jugend zu meinem Geburtstag im Februar meist noch hoher Schnee lag und wir nur mit dem Schlitten alle Wege erledigen konnten. Jetzt blühen im Februar schon oft viele Blumen, Büsche und sogar manche Bäume. Es ist nicht zu übersehen, dass uns der Klimawandel nicht nur eingeholt, sondern sogar schon überholt hat.

Doch der Mensch ist ja erfinderisch und kommt durch manche Einschränkung auf ganz neue Ideen. Kürzlich las ich, dass die Franzosen ihre Skipisten in Südfrankreich nicht mit Schnee, sondern mit Pinien -Nadeln ausgelegt haben. Das ist nicht mal ganz neu, denn schon 1938 hat man solche Kiefern-Nadeln-Abfahrten sogar für Wettbewerbe benutzt.

Es wird also Zeit, auch bei uns in den

Wintersport- Hochburgen, solche Experimente zu machen und die Pisten mit Tannennadeln präparieren. Dann wäre Wintersport das ganze Jahr hindurch sogar möglich und das nicht nur in den Bergen, sondern auch am Strand. Es wäre doch interessant, gleich hinter der Düne eine Langlaufpiste zu haben. Für Sportler geradezu genial. Man bräuchte nicht mal die Kleidung zu wechseln.

3.08 Die Eiche

Die Eiche ist ein geheimnisvoller Kos-
mos direkt vor unserer Haustüre. Spä-
testens im April, wenn der Frost sich
endgültig verabschiedet hat, beginnt die
Eiche aus dem Winterschlaf zu erwa-
chen. Mit dem Blattaustrieb brechen
auch schon die Knospen auf und die
Krone beginnt grün zu werden. Während die Blüten aufgehen, entfalten sich
auch langsam die Blätter. Auf jeder
männlichen Blüte sitzen bis zu 40.000
Pollen. Die werden vom Wind zu den
weiblichen Blüten geweht. Und die
Sauerstoff-Fabrik beginnt zu arbeiten.
Denn eine 100-jährige Eiche wandelt
pro Jahr in ihren 150.000 Blättern rund
6.000 Kilogramm Kohlendioxid in
45.000 Kilogramm Sauerstoff um.
Diese Menge reicht für 11 Menschen als
Jahresbedarf.
Kein anderer Baum in Europa beher-
bergt mehr Bewohner, als die Eiche.
Man hat bis zu 1000 Tierarten schon

gezählt. Jedes dieser Tiere hat sich den einzigartigen Lebensbedingungen der Eiche angepasst und seine eigene Strategie entwickelt. Insekten, wie der Eichelbohrer legen ihre Eier direkt in die Eichel, damit der Nachwuchs sofort mit Nahrung versorgt ist. Der Eichenblattroller faltet Eichenblätter kunstvoll zusammen, um darin seine Brut abzulegen. Auch der Hirschkäfer ist hier zu Hause, der in abgestorbenen Baumteilen seine Eier hinterlässt. Aber am meisten zur Weiterverbreitung der Eiche trägt der Eichelhäher bei. Er versteckt sehr viele Eicheln im Herbst, die er meist aber nicht wieder findet. Daraus wächst dann im Frühjahr je ein neues Eichenbäumchen.

Wenn sich kein Bewohner in zu großer Zahl vermehrt aber alle in einer wunderbar ausgewogenen Symbiose miteinander leben, dann lebt auch der Baum ungeschädigt weiter.

Eigentlich sollten wir Menschen es der

Tierwelt und der Natur abschauen, dann müsste es keine Kriege mehr geben und alle könnten friedlich nebeneinander leben. Keiner müsste Angst haben vor der Klimakrise.

3.09 Schwarm-Intelligenz

Über Schwärme in der Natur haben wir uns sicher alle schon oft gewundert.

Im Herbst kann man beobachten, wie sich manche Vögel in großen Mengen sammeln, um dann gemeinsam im Schwarm in südliche, wärmere Gefilde zu fliegen. Dabei machen mehrere Tausend Vögel im Schwarm in atemberaubenden Geschwindigkeiten abenteuerliche Figuren am Himmel.

Auch im Wasser kann man Schwärme beobachten. Gerne saß ich als Kind auf Brücken oder am Ufer von kleinen Bächen, um kleinen Fischen zuzuschauen, die in Schwärmen umher schwammen, ohne zusammen zustoßen.

Auch Bienen schwärmen. Wenn in einem Bienenstock eine neue Königin schlüpft, zieht die alte Königin aus und ein ganzer Bienenschwarm folgt ihr. Imker fangen diesen Schwarm dann ein und siedeln ihn in einem neuen Bienenstock wieder an.

Warum stoßen diese vielen Tiere in einem Schwarm nicht zusammen?

Über das Wunder der Suchwarmintelligenz forschen Wissenschaftler schon lange, dazu gibt es noch viele unbeantwortete Fragen. Zum Beispiel der Kupferhai, der mit einer Geschwindigkeit von etwa 55 km/h und mit 70 messerscharfen Zähnen bewaffnet durch das Wasser schießt, der auch dem Menschen gefährlich werden kann. Es gibt aber auch eine Menge kleiner Fische, sie sind zwar klein und wehrlos, wollen aber auch überleben.

Was tun sie?

Sie rotten sich einfach zusammen zu einem großen Schwarm, der manchmal bis zu mehreren Millionen Tiere beinhaltet. Denn Schwarmfische wie Makrelen, Sardinen oder Heringe können sich zu einer Naturgewalt formieren. Sie schwimmen dann wie lebende Tornados durch das Wasser, täuschen den besten Jäger und schüchtern sogar

Haie ein.

Worin liegt ihr Geheimnis?

Es liegt an der Kommunikation. Jedes Tier gibt Infos an die Gemeinschaft und so fliegen oder schwimmen alle wie von Geisterhand gesteuert in die gleiche Richtung. Dabei beruht ihre Schwarm-intelligenz ganz besonders auf den Fähigkeiten eines jeden Tieres. Sie beachten drei Regeln:

1. Bewege dich immer auf das Zentrum des Schwarms zu,

2. Bewege dich immer in der gleichen Richtung, wie deine Nachbarn,

3. Passe auf, dass dir niemand zu nahe kommt!

Um einen angemessenen Abstand zu wahren setzen die Fische auf ihr Seitenlinien-Organ. Damit können sie Wasserdruck-Unterschiede, sowie winzige Veränderungen in ihrem Schwarm fühlen und binnen 0,13 Sekunden darauf reagieren. Dazu nutzen die kleinen Fische Stellen im Wasser, die nicht sehr hell sind, dabei verringern sie gleichzeitig ihre Geschwindigkeit.

Dabei gibt es aber keinen Kommandeur. Denn ein einzelner Fisch hätte niemals die Übersicht, um einen Schwarm zu lenken. Ein Schwarm funktioniert also nur, wenn alle seine Mitglieder nur ihren eigenen Interessen folgen.

Das Beispiel scheint sich bewährt zu haben, denn immerhin bilden 60 % aller Fischarten Schwärme. Wird ein Schwarm von einem Fressfeind angegriffen beschleunigen sie ihre Geschwindigkeit auf bis zu 40 km/h und fliehen in alle Richtungen. Der Trick mit der Täuschung scheint sich zu bewähren, denn dadurch beißt der Angreifer garantiert ins Leere.

Wir Menschen sollten uns solches tierische Verhalten zum Vorbilder nehmen, dann hätten es manche Menschen im Leben einfacher.

3.10 Rettungsgasse

Schon seit langem habe ich mir ange-
wöhnt bei einem Stau ganz am rechten
Fahrbahnrand zu halten. Beim Anfahren
ziehe ich dann aber wieder auf die Mitte
der Fahrspur zurück. Auch wenn manche Teilnehmer sich darüber den Kopf
zerbrachen.

Gestern wäre mir das aber beinahe auf
einem Zubringer zum Verhängnis geworden. Es gab einen Stau und alle
Verkehrsteilnehmer mussten halten. Ich
stoppte an der rechten Seite meiner
Fahrspur. Der mir nachfolgende Verkehrsteilnehmer hielt dagegen ganz
links, fast neben mir. beim Anfahren
zog ich dann wie immer wieder auf die
Mitte der Fahrbahn zurück. Dabei hatte
ich nicht bemerkt, dass der nachfolgende Wagen mich in dem Moment
überholen wollte. Denn er war in
meinem toten Winkel. Es kam dabei zu
einem kleinen Zusammenstoß. Mein
linker Spiegel wurde umgeklappt,

sprang danach aber wieder in die alte Position zurück. Sein rechter Spiegel brach aber ab und hing herunter.

Sofort hielten wir beide, wobei ich feststellte, dass sein linker Reifen bereits die durchgezogene Mittellinie überfahren hatte. Zuerst nahm ich nun mein Handy und machte von der Situation einige Fotos, wogegen er versuchte Einspruch zu erheben. Ich machte aber die Fotos so, dass auch das uns nachfolgende Fahrzeug mit auf dem Bild war, falls ich einen Zeugen brauchte. Nun kam es zum Streit. Ich solle sofort meine Schuld eingestehen und für seinen Schaden aufkommen. Er warf mir vor, so gefahren zu sein, als wenn ich am Straßenrand ein Picknicke hätte machen wollen.

Da ich jede Schuld ablehnte tauschten wir unsere Personalien aus, wobei er mir androhte vor Gericht zu gehen. Nach einiger Zeit bekam ich eine Vorladung vor Gericht. Mir wurde vom

Anwalt des Gegners vorgeworfen, ich hätte mich verkehrswidrig verhalten. Das wurde ausführlich begründet und erläutert. Anscheinend hatte der Anwalt Routine darin.

Nachdem auch mir nun Gelegenheit gegeben wurde meinen Standpunkt zu vertreten hielt ich dagegen. Zuerst legte ich die Fotos vor, um die Situation genau darzustellen. Dann verwies ich auf die Paragraphen 11 und 38 der STVO wonach unbedingt eine Rettungsgasse gebildet werde muss.

Nachdem alle Kriterien bewertet worden waren, wurde ich frei gesprochen. Der Prozessgegner hingegen wurde schuldig gesprochen und musste alle Kosten des Verfahrens tragen, weil er sich verkehrswidrig einen Vorteil verschaffen wollte. Sein verkehrswidriges Verhalten wurde durch mein Foto belegt, auf dem er bereits die durchgezogene Mittellinie überfahren hatte.

3.11 Kreisverkehr

Ein Bekannter von mir hatte vor einiger Zeit unverhofft großen Ärger. Er befand sich in einem unechten Kreisverkehr, wobei er eindeutig Vorfahrt hatte.

Ein Verkehrsteilnehmer, der in den Kreis einfahren wollte glaubte dagegen auch Vorfahrt zu haben. Wie erwartet gab es einen Zusammenstoß. Sofort bestand der Gegner darauf, dass mein Bekannter die Schuld auf sich nehmen sollte und den Schaden bezahlen müsste. Obwohl mein Bekannter auf die Beschilderung hinwies, gab der andere aber nicht nach. Es half nichts, es musste die Polizei geholt werden. Für die Polizei war die Lage sofort klar, denn hier hatten sich schon mehrfach ähnliche Unfälle ereignet. Sie belehrte uns, dass es sich hier um keinen Kreisverkehr im bekannten Sinne, sondern um einen *kreisförmigen Knotenpunkt* handele. Laut der deutlichen Beschilderung im Kreisel mit einem Schild mit

Kreisverkehrszeichen, steht noch vor jeder Einfahrt ein *Vorfahrt beachten*. Das bedeutet, dass der im Kreis eindeutig die Vorfahrt hat.

Damit war die Schuldfrage eindeutig geklärt. Der andere Verkehrsteilnehmer musste den Schaden übernehmen und bekam außerdem noch einen Bußgeldbescheid über 70 Euro für Nichtbeachtung der Vorfahrt.

3.12 Die Fahrschule

Die Fahrschullehrer schlagen Alarm. Waren es voriges Jahr nur 37 %, so sind es jetzt sogar schon 43%, die entweder die schriftliche oder die praktische Prüfung nicht bestehen.

Natürlich gibt es dafür triftige Gründe. Zum Beispiel ist das Verkehrsaufkommen heute viel größer als früher. Auch die Menge der Regelungen hat deutlich zugenommen. Aber am Rande bemerkt, dies trifft alle Verkehrsteilnehmer gleichermaßen. Die Menschen mit älteren Führerscheinen haben es dabei sogar noch deutlich schwerer. Denn sie müssen jetzt Schilder beachten, die sie nie in der Führerschein-Prüfung gelernt haben.

Die Fahrlehrer machen aber ganz andere Gründe aus. Früher war der Führerschein etwas ganz Besonders. Es war sozusagen der Eintritt ins Erwachsenenleben. Heute ist es reine Pflichterfüllung. Früher bekam ein Kind, wenn es sich die Familie leisten konnte zum 5. Geburtstag ein Fahrrad, ihm wurde das Fahren beigebracht und so konnte es mit 6 schon alleine in die Schule fahren, wenn der Weg nicht zu weit war. Ich erinnere mich noch ganz genau, wie ich meinem jüngsten Sohn an einem Abend das Radfahren beigebracht habe. Ich weiß nicht wie viele Kilometer ich an dem Abend hinter ihm her gelaufen bin. Es waren eine Menge, aber es hatte sich gelohnt. Anschließend haben wir gemeinsam kleinere und auch größere Ausflüge mit Fahrrädern gemacht, um ein wenig die Verkehrsregeln zu lernen. Danach konnte man ihn tatsächlich schon alleine auf die Straße lassen. Danach kam dann oft ein Kleinmotorrad, ein Moped, später vielleicht auch noch ein Motorrad, bis man sich ein Auto leisten konnte. Aber das war bei den wenigsten Familien nicht zum Null-Tarif zu haben. Das Kind musste den größten Betrag erst selbst durch eigene

Arbeit in den Ferien verdienen, bevor die Eltern noch vielleicht etwas dazu bei steuerten.

Heute werden viele Kinder von klein auf von den Eltern mit dem Auto in die Schule gefahren, obwohl sie bei geringeren Entfernungen gut zu Fuß zur Schule gehen könnten. Dabei sitzen sie im Fond und spielen angespannt mit Handy oder Tablet, ohne sich um den Verkehr kümmern zu müssen. Ganz klar ist, dass dann, wenn der Führerschein ansteht keinerlei Verkehrstüchtigkeit zu erwarten ist.

Das Traurigste ist, das hohe Unfallrisiko. Laut Statistik gehen die meisten Unfälle auf das Konto der 18 bis 24-jährigen, dabei macht diese Gruppe nur knapp 10 % der Autofahrer aus. Die Gründe dafür sind zu suchen in:

mangelnde Fahrerfahrung,
Erhöhte Risikobereitschaft,
Nichtbeachtung der Sicherheits abstände,

Unangepasste Geschwindigkeit,
Mangelnde Verkehrstüchtigkeit.
Meine Schlussfolgerung daraus würde
sein:

Die Eltern sollten sich mehr mit ihren Kindern befassen. Ihnen zur richtigen Zeit das Nötigste beibringen, anstatt nur dem Geld oder dem eigenen Vergnügen nachzujagen.

3.13 Blühende Wüsten

Wüsten haben mich immer schon fasziniert. Einige habe ich selbst kennen gelernt, wie zum Beispiel in Israel, Ägypten, Marokko, Tunesien Jordanien und Syrien. Jede Wüste ist anders.

Mein erstes Wüstenerlebnis hatte ich in Israel. Ich bin zwei Mal mit dem Fahrrad durch das ganze Land geradelt und war zu unterschiedlichsten Zeiten drei Mal für je fünf Wochen auf einem Kibbuz in der Negevwüste, um dort ehrenamtlich zu arbeiten.

Die meisten Wüsten sind Stein- oder besser Geröll-Wüsten. Das konnte ich in Israel in der Negevwüste selbst feststellen. Dort wächst in der Regel kaum etwas, weil es zu trocken ist. Aber es gibt auch dort Leben, wenn man genauer hin schaut. Zum Beispiel findet man in den trockenen Wadis Büsche und sogar Bäume. Sie sehen von Weitem völlig trocken aus. Doch bei genauer Betrachtung sind sie grün, sie

tragen aber meistens keine Blätter.
Denn das ergäbe eine zu große Ober-
fläche, die sofort austrocknen würde.
Deshalb sind diese Bäume blattlos und
blühen nur. Weil sie Tiefwurzler sind
finden sie in den tieferen Schichten der
Wadis zu normalen Zeiten immer noch
Wasser.

Inzwischen haben nicht nur die Israelis
es fertig gebracht, auch in der Wüste
Landwirtschaft zu betreiben. Dazu wird
zuerst mit einem Bulldozer die obere,
etwa 5-10 cm starke Geröllschicht abge-
schoben. Darunter befindet sich ein
brauner Boden, der für landwirt-
schaftliche Zwecke genutzt werden
kann. Leider regnet es hier aber
überhaupt nicht. Und trotzdem blühen
überall Bäume, Büsche, Reben und
Pflanzen, aber nur weil sie ständig
bewässert werden.

Auf lange Sicht ergibt sich allerdings
ein Problem, denn durch die hohe
Verdunstung bleiben mit der Zeit so viel

Mineralien und Salze zurück, so dass nach einiger Zeit der Boden kaum mehr Ertrag bringt. Wie das in Israel auf Dauer gelöst werden soll, ist mir ein Rätsel.

Im Jordantal, in der Nähe des Toten Meeres gibt es bereits die ersten Probleme. Dort hat sich durch überdurchschnittliche Grundwasserentnahme der Grundwasserspiegel so stark gesenkt, das unterirdische Kavernen austrocknen und nach und nach einstürzen. Es hat vor Jahren bereits die ersten Toten gegeben. Notgedrungen wurde die Bewirtschaftung der Dattel- und Pampelmusen-Plantagen im Kibbuz En Gedi am Toten Meer eingestellt, so dass sie ihrem Schicksal überlassen werden mussten. Solche eingestürzten Kavernen kann man inzwischen entlang des ganzen Jordantales beobachten.

Es gibt aber auch Wüsten auf der Erde, die zwar absolut trocken aussehen, in denen es aber ab und zu doch regnet.

Dann erstrahlen sie in kurzer Zeit zu riesigen Blütenmeeren. Zu beobachten ist das zum Beispiel in der *Atacama-Wüste* in Chile. In Südafrika in Namibia oder in *Death Valley* in Kalifornien. Dort liegen Jahrzehnte lang Samen in der Erde und warten geduldig auf den nächsten Regen. Regen in den Wüsten kann es im Zuge des Klimawandels immer öfter geben. Denn durch Treibhausgase heizt sich unser Planet immer mehr auf. Mehr Wasser verdunstet, was mancherorts zu Trockenheiten, anderorts aber zu Starkregen führt, wie wir es im Artal schon erlebt haben. Regenfälle in der Sahelzone südlich der Sahara sind zum Beispiel in 20 Jahren denkbar. Wichtig ist, dass unser Ökosystem in Ordnung bleibt. Das heißt, dass die Polregionen nicht weiter abschmelzen. Dass der Permafrost nicht übermäßig schnell schmilzt. Und dass die bewirtschafteten Flächen nicht übermäßig beansprucht werden. Wenn nämlich,

Feuchtgebiete, Wälder und Grasland so rasant wie bisher beseitigt werden, fehlen die Kohlenstoff-Speicher. Zu beobachten ist dies schon an vielen Stellen der Erde, wie zum Beispiel in Namibia. Dann tritt ein Kippmoment ein, das nicht mehr umkehrbar ist, selbst wenn es wieder regnet. Denn der fruchtbare Boden ist weg geweht und es kann dort nichts mehr wachsen.

Es wäre sehr wünschenswert, wenn alle Menschen der Welt dies begreifen würden und nicht nur darüber reden, als wenn es uns nichts anginge. So, als wenn es eine Sache der nächsten Generation wäre. Wenn jeder dort wo er lebt sein Auskommen hat dann würden die vielen Wirtschaftsflüchtlinge zu Hause bleiben und unsere Welt würde sich wieder erholen.

3.14 Der Tod

Das Thema Tod wird von den meisten Menschen gemieden, genau wie der Teufel das Weihwasser hasst!

Warum eigentlich?

Der Tod gehört doch eindeutig zum Leben. Er ist das Ende des Lebens, dem kein Mensch entgehen kann. Oft hört man die Ausrede, dass es für dieses Thema noch zu früh sei. Allgemein herrscht anscheinend die Meinung vor, das man sich erst im Alter mit dem Thema Tod beschäftigen sollte.

Wer weiß den schon, wann der richtige Zeitpunkt ist?

Wie oft liest man heute von Unfällen besonders junger Menschen, die ganz plötzlich zu Tode gekommen sind. Klar, in bestimmtem Umfang hat jeder Einfluss auf den Tod. Menschen, die risikoreiche Sportarten betreiben, riskant Auto, Motorrad oder E-Pike fahren haben ein größeres Risiko.

Auch gibt es gibt fast täglich Unfälle,

wo ganz unschuldige Menschen durch Unvorsicht oder Rücksichtslosigkeit Anderer zu Tode kommen. Und sei es nur, dass Jemand zum falschen Zeitpunkt am falschen Ort war, denn entgleisende Züge, Falschfahrer auf der Autobahn oder etwa psychisch kranken Menschen kann man meistens nicht rechtzeitig ausweichen.

Leider gibt es keine Formel, nach der man den Tod vorher bestimmen kann!

Deshalb ist es für jeden Menschen so wichtig, sich rechtzeitig mit dem Thema Tod zu beschäftigen.

Ein guter Einstieg ist meiner Meinung nach das Verfassen einer Patienten-Verfügung und vielleicht sogar eines Testaments. Formulare dazu findet man mehrfach im Internet. Dadurch wird auch klar, wie und wo jemand beerdigt werden möchte. Auch kann man darin das Thema Organspende regeln. Hat mancher vorher noch Angst, ihm könnte zu Lebzeiten ein Organ "gestohlen" werden, so sieht man hinterher eher klarer, wie genau eine Organspende geregelt ist. Mancher könnte so zum Organspender werden, obwohl er es bisher aus Unwissenheit abgelehnt hat. Anderen Menschen zu helfen, ist immer eine gute Sache.

Neuerdings gibt es im Internet sogar Spiele für 20 bis 40 €, durch die man Fragen auf Spielkarten zum Tod sozusagen spielerisch beantworten kann. Das finde ich beschämend, denn es sollte jeder Mensch so viel Mut haben sich mit dem eigenen Tod zu befassen.

Früher sind die meisten Menschen im familiären Umfeld, also zu Hause gestorben. Da bekamen alle Familienmitglieder vom kleinsten Kind bis zum Greis mit, wie ein nahestehender Mensch gestorben ist. Davon trug niemand einen Schaden davon, aber alle wurden so auf das nahende Ende vorbereitet.

Oft schon hat der nahende Tod dazu

sogar beigetragen, bei Lebzeiten entstandene Schranken abzubauen und sich kurz vor dem Tod wieder zu versöhnen. Ist das nicht gang besonders positiv?

Das Aufbahren des Leichnams zu Hause war früher ganz normal. Es ist in Deutschland 36 Stunden gesetzlich erlaubt, mit Genehmigung sogar bis zu 72 Stunden. Das war früher die Zeit, um sich würdig vom Verstorbenen zu verabschieden. Denn das Loslassen gelingt hier zu Hause viel besser, als in fremden, gemieteten Räumen.

Dadurch fiel den Hinterbliebenen die Trauer oft auch viel leichter, wenn alle mitbekommen haben, wie sehr der Sterbende gelitten hat. Man trägt den Verlust sozusagen gemeinsam viel leichter.

3.15 Organspende

Für Organspenden gibt es grundsätzlich zwei Regelungen:

die *Zugstimmungsregelung* und

die *Widerspruchslösung.*

In Deutschland gilt immer noch die alte Zugstimmungsregelung, weil im Bundestag die Widerspruchslösung 2020 mehrheitlich abgelehnt wurde.

Leider hat der Aufruf der Bundesregierung 2020 an alle Menschen in Deutschland nicht gefruchtet, sich mit dem Thema Organspende auseinander zu setzen und die persönliche Einstellung zu äußern. So ist es leider oft, wenn jemand sich freiwillig mit einem Problem auseinander setzen soll. Leider leben wir heute in einer reinen **ICH-Gesellschaft,** wo jeder nur auf seinen Vorteil und seinen Spaß bedacht ist. Da bleibt Rücksicht auf andere auf der Strecke.

Das Ergebnis ist, dass 2022 mindestens 8.465 Patienten auf ein Spenderorgan warteten, während es im gleichen Zeitraum nur 869 Spender gegeben hat! Nur ein Bruchteil hat also die Chance, ein Ersatzorgan zu bekommen. Das sollte doch jedem Menschen zu Denken geben!

Nein, das ist geradezu beschämend!

Nach wie vor wirbt der Gesundheitsminister um eine Änderung. Denn einige Nachbarländer beweisen, dass durch die Widerspruchslösung sehr viel mehr Organspender zur Verfügung stehen.

Aber die Organspende ist leider so ein Kapitel, um das sich viele Menschen am liebsten herum mogeln möchten.

Da gibt es viele Ausreden: *Der Körper gehört mir, da hat der Staat gar nichts mit zu reden,* hörte ich kürzlich von einem FDP-Mann.

Auch fürchten viele, dass einem *vielleicht schon zu Lebzeiten Organe gestohlen werden könnten,* wenn man zugestimmt hat.

Manche *glauben auch an Wiedergeburt.*

Dann wäre es doch schade, wenn ein Organ fehlen würde. Andere meinen wiederum, *sie seien dazu schon viel zu alt.* Übrigens gibt es keine Altersbegrenzung zur Organspende. Voraussetzung ist nur, dass das Organ noch voll funktionsfähig sein muss. Möglich sind auch mehrere Organspenden von einem Körper.

Wie gesagt, es gibt viele Ausreden, um gegen eine Organspende zu sein. Das ist auch ganz in Ordnung. Jeder soll bestimmen können, was mit seinem Körper nach dem Tode passiert. Aber genau das lässt auch die Zugstimmungsregelung ganz genau zu. Aber das setzt eben voraus, dass sich jeder mit diesem Thema auseinander setzen muss. Lässt man alle Ausreden, die bisher gegen eine Organspende vorgebracht worden sind außen vor, dann bleibt immer noch die Tatsache, dass doch jeder Mensch hilfsbereit sein sollte. Warum sollte das Prinzip nach dem

Tode nicht mehr gelten?
Vor allem, wenn es einem garantiert nicht mehr weh tut, nicht schadet und auch nichts kostet!

3.16 Gewalt gegen Frauen

Eine aktuelle, repräsentative Umfrage der *deutschen Hilfsorganisation von Plan International, einer Hilfsorganisation für Mädchen und Frauen in aller Welt* hat kürzlich überraschende Ergebnisse gebracht.

Ausgesucht wurden 1000 junge Leute nach dem Zufallsprinzip. Gefragt wurde nach der Einstellung der jungen Männer zur Rollenverteilung in der Beziehung zu Frauen.

Das Ergebnis war erschreckend!

- 34 % der jungen Männer bejahten die Aussage, dass ein Mann schon mal handgreiflich werden dürfe, um sich Respekt zu verschaffen.

- Des weiteren meinten 47 % der jungen Männer, dass sich Frauen, wenn sie sich aufreizend verhalten nicht wundern dürfen, wenn ein Mann das als Aufforderung versteht.

- Und 52 % sehen die Rolle des Mannes eindeutig als den Geldverdiener, während die Frau für den Haushalt und die Kindererziehung zuständig ist.

Bei der Umfrage war bewusst das Thema Migrationshintergrund und Kulturkreis ausgeklammert worden. Es wurde davon ausgegangen, dass dadurch ein eher ehrliches Ergebnis erreicht werden könnte.

Es ist erstaunlich, welche Einstellungen in unserer modernen, demokratischen Plural-Gesellschaft heute, also im 21. Jahrhundert, noch zu finden sind. Solche Aussagen glaubten wir doch alle, seien lange Vergangenheit.

Dementsprechend hat die Bundesinnenministerin Nancy Faeser reagiert:

Hier darf es nur eine Devise geben; Null Toleranz für Gewalt an Frauen!

Dazu äußerte sich die Psychologin Isabella Spießberger vom Zentrum für Gewaltprävention, dass es gewalttätige Männer in allen sozialen Schichten Deutschlands, mit und ohne Bildung, mit und ohne Migrationshintergrund

gäbe. Besonders ausgeprägt ist häus-
liche Gewalt in ländlichen Gebieten,
weil dort die Möglichkeit sich Hilfe zu
holen oft sehr weit ist. Außerdem kommen der Glaube, Scham- und
Schuldgefühle dort noch hinzu.

Klar wird, dass dieses Ergebnis sehr
besorgniserregend ist. Unsere Gesellschaft müsse diese Aussagen sehr ernst
nehmen und als Warnsignal verstehen
und umgehend noch mehr gegen steuern.

3.17 Frauenfußball

Bisher dachte ich immer, dass Prämien gezahlt werden für ganz hervorragende Leistungen. So war es jedenfalls bisher in jeder Branche und auch beim Sport. Ich kann mir gar nicht vorstellen, welche Summen alleine beim Herrenfußball dadurch zusammen gekommen sind. Wussten doch manche Spieler gar nicht mehr, was sie sich noch alles kaufen sollten.

Doch das gilt offensichtlich nicht für alle. Denn anscheinend bekommen die deutschen Fußballmädels der Nationalmannschaft gar nichts! Obwohl sie bei der Frauen-Fußball- Weltmeisterschaft in Neuseeland und Australien ein aussichtsreicher Kandidat auf den Titel sind. Wer bei großen Turnieren gute Leistungen bringt, vielleicht um den Titel mit spielt oder sogar gewinnt, der sollte dafür auch entsprechend belohnt werden. Aber das sieht der Deutsche Fußball-Bund offensichtlich anders.

Angeblich begründet der DFB seine Entscheidung damit, dass der Fußball-Weltverband erstmals Prämien direkt an die Spielerinnen zahlt. Die Prämien an die Verbände gibt es aber nach wie vor und die will der DFB in die Infrastruktur des Frauenfußballs stecken.

Sind wir alle so auf die Männer fixiert, dass wir gar nicht mehr selbst merken, dass wir hier absolut ungerecht handeln? Was muss denn noch passieren, bis der DFB endlich wach wird?

Vielleicht würde sogar ein weiterer Abstieg der Männer helfen, aber so gehässig möchte ich gar nicht sein.

Hat der DFB noch nichts von Gleichberechtigung gehört?

3.18 Knigge für Touristen

Oft musste ich bei meinen Auslands-
reisen feststellen, dass sich manche
Touristen im Ausland benehmen wie:
Die Axt im Walde!
Dabei sind **wir** doch im eigenen Land
sehr darauf bedacht Ausländern zu
sagen, wie sie sich hier zu verhalten
haben. Ganz besonders auffällig ist das
in Ländern mit strengen Religions-
regeln,wie dem Judentum, dem Islam,
dem Buddhismus oder dem Hindu-
ismus, um nur die wichtigsten zu
nennen. Ein typisches Beispiel ist Bali,
das alleine durch das Kostengefälle
schon lange viele Touristen angezogen
hat. Auf Bali sind Kultur und Religion
überall gegenwärtig. Die Menschen
sind gläubig, offen und tolerant. Es
scheint einem Fremden, als wenn es
hier mehr Tempel als Wohnhäuser gibt.
Tatsächlich hat jedes Grundstück seinen
eigenen Tempelbereich direkt neben
dem Wohnhaus mit kleinen Schreinen

für jeden Ahnen. Dort wird jeden Tag mehrmals ein Körbchen aus Palmblättern, gefüllt mit Früchten, Reis und Blüten geopfert und eine Räucherkerze angezündet. Der Platz für den Tempelbereich wird übrigens vom örtlichen Geistlichen festgelegt, bevor ein Haus auf dem Grundstück gebaut wird.

Auf Bali sind Kultur und Religion untrennbar miteinander verbunden. Und gerade das macht die Insel auch so interessant und anziehend. Alleine die Ausstattung der Tempel mit Figuren ist sehenswert. Da kämpfen die gutartigen, löwenartigen Barong gegen Rangda, der bösen Dämonenkönigin. Sie stehen für einen untrennbaren Gegensatz, aber auch gleichzeitig für Harmonie. Denn die Balinesen sind immer für einen fairen Ausgleich, deshalb opfern sie auch immer beiden Figuren.

Auch werden fast täglich in den Dorftempeln irgendwelche Feste gefeiert. Dazu ziehen sich die Teilnehmer besonders feierlich an. Auffallend sind die vielfarbigen durchsichtigen Blusen der Frauen.

Doch wer beabsichtigt die Insel auch wirklich kennen zu lernen, der sollte sich vorher einigermaßen schlau machen. In den verschiedensten Reiseführern gibt es genug Hinweise. Doch leider nehmen auch mit steigenden Besucherzahlen die unmanierlichen Zwischenfälle zu. Inzwischen bekommen Einreisende gleich am Flughafen eine Broschüre mit den meisten Benimmregeln ausgehändigt, um damit gegen zu steuern. Und wer dann bei der Reise durchs Land auch noch mit ein wenig Gespür unterwegs ist, der kann wirklich viel erleben.

Der Kulturrat von Bali mit Sitz in Ubud hat schon vor langer Zeit zum Beispiel auch Touristen erlaubt, an Tempelfesten direkt teil zu nehmen. Voraussetzung dafür ist aber, dass man sich *traditionell* kleidet.

Was heißt das?

Es heißt, dass man als Mann einen Sarong, ein Hemd, eine Schärpe und ein Kopftuch tragen sollte. Bei den Frauen ist ein Sarong und eine feine Bluse Pflicht. Auch wird ganz großer Wert darauf gelegt, dass alle Kleidungsstücke richtig angezogen und sauber sind. Dazu sind alle Losmen- und Hotelbesitzer aufgerufen, den Gästen beim Ankleiden behilflich zu sein. Wer unverbesserlich ist und sich absichtlich gegen die Landessitten benimmt, muss inzwischen aber mit drastischen Strafen rechnen oder wird gar ausgewiesen.

Um der Kultur des Landes mehr Respekt zu verschaffen werden wohl bald auch Treckingtouren zu den prächtigen Vulkanen Gunung Batur und Agung Gunung verboten werden. Denn hier ist nach dem Glauben der Hindus der Sitz der Götter. Nicht ohne Grund wird die Insel *Insel der Götter* genannt.

3.19 Einkaufsucht

Kann Einkaufen süchtig machen?

Ja, Einkaufen kann wirklich zu einer Sucht führen mit ernsthaften Folgen für die Betroffenen und deren Umfeld.

Was ist eine Kaufsucht?

Das ist der innere Zwang etwas zu kaufen, obwohl man es eigentlich gar nicht braucht. Es hängt zusammen mit:

> *Kontrollverlust,*
>
> *Zwang zur Wiederholung,*
>
> *Dosissteigerung,*
>
> *Entzugserscheinung,*
>
> *Depressionen.*

Es kann dadurch auch eine Art Schuldgefühl entstehen, weil man sich nicht unter Kontrolle hat. Anfangs glauben Betroffene dadurch Anerkennung zu bekommen, denn Kaufen löst kurze Glücksgefühle aus. Doch bald darauf folgt meistens ein Absturz in Depressionen und Existenzängste, sowie Scham- und Schuldgefühle. Die Süchtigen kapseln sich dann meistens ab und

umgeben sich mit Lügen und Unwahr-
heiten.

Was können die Gründe sein für eine Kaufsucht?

Die Betroffenen suchen sehnsüchtig nach Anerkennung und Bestätigung. Die Wurzeln dafür scheinen in der Kindheit zu liegen. Der Mangel an Zuwendung und Anerkennung, Mangel an Liebe und Geborgenheit. Es hat ihnen gefehlt an Zuwendung der Eltern oder sie durften nie ihre wirklichen Gefühle zeigen, Sie wurden als Person einfach nicht wahr genommen.

Der Konsum ist für Kaufsüchtige oft der vergebliche Versuch Minderwertigkeitsgefühle zu betäuben. Untersuchungen haben gezeigt, dass Menschen mit geringem Selbstwertgefühl schneller zur Kaufsucht neigen, um damit ihr Minderwertigkeitsgefühl zu betäuben.

Wie begründen Kaufsüchtige ihre Last?

Sie erzählen, dass es Sonderangebote waren oder dass sie dabei sogar Geld gespart haben. Dafür würden sie in Zukunft aber sparen. Oft verschenken sie später sogar das Eingekaufte, um nicht in unnötigen Dingen zu versinken.

Neigen kaufsüchtige auch zu anderen Süchten?

Wenn man Kaufsüchtige einschränkt besteht die Gefahr, dass sie auf andere Süchte ausweichen.

Wie kann man Kaufsucht beheben?

Ganz wichtig ist, die Mangelerscheinungen zu erkennen und zu analysieren und die Aufwertung des Selbstwertgefühls.

Meistens ist aber Hilfe von außen dringend angeraten.

3.20 Das Interview

Heute machte ich einen ausgiebigen Stadtbummel, denn durch die Korona-Beschränkungen war ich lange nicht mehr durch die Stadt geschlendert. Dabei fielen mir einige neue Geschäfte auf. Aber die meisten verkauften Handys, das ist wohl eindeutig der neueste Trend. Da gingen zwei junge Mädchen an mir vorbei. Die eine grüßte sogar freundlich, obwohl ich mich nicht erinnerte, sie zu kennen.

Dann setzte ich mich in ein Eiskaffee um ein Eis mit Sahne zu essen. Da tauchten die beiden Mädchen erneut auf. Dieses mal steuerten sie aber direkt auf mich zu. Eine fragte freundlich, ob sie an meinem Tisch Platz nehmen dürften. Nach einer Weile holten sie einige Papiere aus ihren Taschen und blätterten darin.

Plötzlich fragte mich eine, ob ich Lahrer sei oder nur zu Besuch hier wäre. Ich antwortete, eigentlich beides. Denn ich sei gerade im Begriff, hier zu zuziehen. Nun stellten sie sich aber erst einmal vor. Eine hieß Christin, die andere Klara, beide seien sie in der letzten Klasse im Gymnasium.

Und schon kamen sie zur Sache. Eigentlich seien sie gerade unterwegs für ihre Schülerzeitung im Gymnasium, um Menschen zu verschiedenen Themen zu befragen. Ob ich bereit wäre, ihnen einige Fragen zu beantworten. Ich hatte nichts dagegen, zumal sie ja kein Mikrofon dabei hatten.

Dann begannen sie mit ihren Fragen:

1. Wie beurteilen Sie die momentane Lage im Krieg in der Ukraine?

Ich antwortete, dass ich ständig die Lage in der Ukraine verfolgen würde. Ich sei froh, dass sowohl die Europäer, wie auch die Amerikaner bereit sind der Ukraine eine so große Unterstützung zu leisten. Denn Frieden in der Ukraine bedeutet auch Frieden in Europa.

2. Ob ich Angst hätte, dass sich der Krieg auch auf Deutschland ausdehnen könnte.

Diese Befürchtung hätte ich nicht, denn Putin ist nur auf seine Vorteile bedacht. Und die würde er dadurch kaum gewinnen. Und deshalb würde ich davon ausgehen, dass ein Krieg in ganz Europa nicht bevor stände.

3. Wie ich die wirtschaftliche Lage einschätzen würde?

Der Ukrainekrieg hätte bisher auch von uns schon viel Unterstützung gefordert und würde auch weiterhin unsere Hilfe verlangen. Das könne nicht ohne Abstriche an anderer Stelle gehen. Aber um die Demokratie zu verteidigen, sollte uns jedes Opfer recht sein. Ich halte nichts vom Jammern mancher Menschen. Das was jetzt passiert ist ja nur ein klein wenig Verlust an unserem so gewohnten Wohlstand. Wissen Sie, wir Alten haben schon viel schlechtere

Zeiten erlebt und auch überstanden. Die Zeit nach dem 2. Weltkrieg war wirklich kein Zuckerschlecken, aber wir haben sie überstanden. Darauf bin ich sogar richtig stolz!

4. Wie ich meine persönliche Lage einschätzen würde?
Die sei nicht gerade sehr rosig. Aber meine Rente würde reichen, um über die Runden zu kommen. Ich könnte bei sparsamem Leben trotz der Preiserhöhungen sogar noch jeden Monat etwas sparen, was uns Älteren scheinbar angeboren ist. Sicher geht es vielen Menschen viel schlechter als mir und denen müsste man helfen. Das wäre gelebte Solidarität.

5. Wie ich die Querdenker einschätze
Eigentlich ist der Begriff des Querdenkens positiv. Es ist absolut richtig alle Probleme von allen Seiten zu betrachten. Leider aber hat sich heraus

*gestellt, dass man Querdenken auch anders verwenden kann. Denn die heutigen Querdenker betrachten die Probleme **nur von einer Seite**. Dabei verfallen die Einen in Angst und Schrecken und die Anderen verbreiten Panikmache und schüren Hass. Nicht zu übersehen ist, dass die rechte Szene dabei kräftig mit mischt. Das geht teilweise so weit, dass sie sogar die Demokratie gefährden.*

Womit wir auch schon bei der letzten Frage wären:

6. Sehen Sie unsere Demokratie gefährdet?

In der derzeitigen Situation sehe ich unsere demokratische Grundordnung nicht in Gefahr. Allerdings heißt das nicht, dass wir nicht sehr wachsam sein müssen. Um antidemokratische Bestrebungen schon im Keim zu ersticken müssen solche Bewegungen wie z.B. die Reichsbürger ganz klar in die Schran-

ken gewiesen werden.
Damit waren sie mit ihren Fragen auch
schon am Ende. Nun fragten sie mich,
ob sie meine Antworten auch veröf-
fentlichen dürften. Als Gegenleistung
würden sie mich zu Ihrem nächsten Fest
einladen. Dort würden dann auch die
verschiedensten Schülerzeitungen aus-
gewertet. Sie würden sich freuen, wenn
ich kommen würde. Dann könnten wir
unsere Diskussion auch mit anderen
Schülern gerne fort setzen, denn es gäbe
bei ihnen scheinbar noch sehr viel Dis-
kussionsbedarf.
Ich nahm die Einladung gerne an.

3.21 Welt-Erschöpfungstag

Hurra, unsere Spaß- und Spielgesellschaft hat vielleicht bald einen neuen beweglichen Feiertag. Den *Welt-Erschöpfungstag* auch Erd-Überlastungstag oder Öko-Schuldentag genannt.

Oder soll der uns etwa eine Warnung sein?

Die Organisation *Global Footpoint Network in New York* erarbeitet ständig richtungsweisende Wege für nachhaltige politische Entscheidungen in einer Zeit der begrenzten Ressourcen unserer Welt. Sie ermittelt deshalb jährlich die Ressourcen, die die gesamte Menschheit verbraucht, also sozusagen unseren *ökologischen Fußabdruck*.

In diesem Jahr ist es der 2. August 2023, an dem die natürlichen Jahresressourcen aufgebraucht sind, die die Erde erzeugen kann. In Deutschland war es dieses Jahr bereits der 4. May.

Was bedeutet das?

Die Menschen haben eigentlich die für

das ganze Jahr erforderlidhen Ressourcen bereits an diesem Tag verbraucht.

Das ist so, als wenn wir am Jahres-
anfang unseren ganzen Jahresbedarf
einkaufen würden, ihn aber schon am 4.
May verbraucht haben.

Uns macht das nicht viel aus. Auch
wenn alles etwas teurer geworden ist,
wir haben immer noch genug Geld um
neu einzukaufen, denn wir sind ja ein
Wohlstandsland.

Brauchen wir uns deshalb keine Sorgen
zu machen?

Doch, besonders die reichen Industrie-
länder liegen im Ressourcen-Verbrauch
besonders hoch. Dazu einige Beispiele:

Welt-Erschöpfungstag in:

Katar	10.02.23
USA	13.03.23
Russland	19.04.23
Deutschland	04.05.23
China	02.06.23
Brasilien	12.08.23
Jamaika	20.12.23.

Daraus ist zu ersehen, dass die Indu-
strieländer besonders viel Ressourcen
verbrauchen. Wenn wir so weiter
machen, würden wir bald zwei Erden
brauchen, um unsere Ressourcen zu
decken.
Dieser Lebensstil der gigantischen
Verschwendung ist auf die Dauer nicht
aufrecht zu erhalten. Auch wenn uns
vorgegaukelt wird, dass alles nicht so
schlimm ist, sind wir alle als Verbrau-
cher verantwortlich. Wir müssen sofort
auf saisonale und regionale Lebens-
mitte, sowie auf Öko-Energie um-
steigen.
Immer noch werden ungeheure Mengen
an Lebensmittel bei uns vernichtet.
Paradox ist dabei, dass Menschen, die
weggeworfene Lebensmittel retten
wollen dafür auch noch bestraft werden
können. Das hätte der Gesetzgeber
längst ändern müssen.
Betrachten wir nur Deutschland so ist
festzustellen, dass wir kein gutes Bild

abgeben. Das liegt daran, dass niemand bereit ist von seinem geliebten Wohlstand auch nur ein wenig abzugeben oder zumindest zu reduzieren.

Beispiele belegen dies deutlich. Eine Klientel-Partei ist nicht bereit, ein Tempolimit auf Autobahnen einzuführen, weil es die persönliche Freiheit einengt. Dadurch würde nicht nur eine Menge CO_2 gespart, sondern auch viele Verkehrstote durch Unfälle vermieden werden.

z.B.weniger Fleisch essen, denn dafür werden Unmengen CO_2 erzeugt, vom Tier bis zum Braten des Steaks.

Flugbenzin ist immer noch in allen europäischen Staaten steuerfrei, gemäß dem Chicagoer Abkommen vom 7.12.1944. Demzufolge auch nach dem deutschen Ernergiesteuer-Gesetz von 2006. Deshalb sind Flugpreise viel zu billig. Besonders viel CO_2 entsteht beim Start. Deshalb sollten Kurzstreckenflüge schon längst reduziert werden, weil beim Start besonders viel Kerosin verbrannt wird. Dafür stehen oft gute Bahnverbindungen zur Verfügung.

Aber die Politik redet immer nur darüber anstatt zu handeln und das schon seit Jahrzehnten. Auch wenn es nicht gerade populär ist, sollte gegen gesteuert werden. Aber dann schreit sofort ein Teil der Presse gleich ganz laut, das das Volk bevormundet werden soll.

Jeder sollte sich ab sofort selbst klar darüber werden, dass jedes nicht weggeworfene Lebensmittel, nicht verbrauchtes Gas oder Öl, jede nicht verbrauchte kWh ein wertvoller Beitrag ist, Ressourcen zu schonen. Nur so kann es vielleicht doch noch gelingen, das 2 -Grad-Klimaziel einzuhalten.

Schon jetzt schmelzen die Gletscher übermäßig schnell. Der Permafrost-boden, auch Dauerfrostboden genannt, ist einer der wichtigsten Kohlenstoff-senken der Erde. Das großräumige

Auftauen von Permafrost im Rahmen der globalen Erderwärmung gilt als eines der bedeutendsten Kippelemente im Klimawandel unserer Erde.

Wenn nicht umgehend gegengesteuert wird, gehen wir einer weltweiten Klima-Katastrophe unweigerlich entgegen.

Mit unserem Tun und Lassen bestimmen wir, wie die Welt unserer Kinder und Kindeskinder aussehen wird.

Meine geistigen Ergüsse bisher:

1. Mein Leben
ERINNERUNGEN I
"Eine Reise in die Vergangenheit"I
3.Auflage
ISBN: 978 3732 291724

ERINNERUNGEN II
"Freitag der Dreizehnte"
ISBN: 978-3-732-28324-8

ERINNERUNGEN III
"Ein Neuanfang"
ISBN: 978-3-7357-1943-0

ERINNERUNGEN IV
"Endlich Rentner"
ISBN: 978-3-7357-3954-4

2. Romane
"EIN NEUANFANG"
ISBN: 9783756214785

"WAHRE FREUNDSCHAFT"
ISBN: 978-3-7534-0661-9

"WENDEJAHRE"
ISBN: 978-3-7534-2011-0

3. Kurzgeschichten
"60 KURZGESCHICHTEN"
ISBN: 978-3-7534-5410-8

"WAHRE LÜGENGESCHICHTEN"
ISBN: 978-3-7534-2594-8

"INTERESSANTE BEGEGNUNGEN"
ISBN: 9783756236022

"INTERESSANTE KURZGESCHICHTEN"
ISBN: 9 783756 881857